日本社会に生きる中小企業

鵜飼信一 [編著]
Ukai Shinichi

中央経済社

は じ め に
―身体化された知識で生きる―

　生業(せいぎょう)規模の小さなモノづくり企業を支えるものは，経営者自らが身につけた技能と技術であり，彼らはこれを頼りに地域社会の中で生きている。日本は多数の小さな企業が生きる生業資本主義の国だと私は考えている。生業は，経営者が先頭で働く，家族で働く，年をとっても働く，職住一体で働く，そして地域社会を支えかつ支えられて生きていく。

　生業は経営者と従業員の身体化された知識が武器であり，これを更新し続け，自己革新を進めていくことが発展の原動力なのである。資本主義の精神を支える「勤労の精神」と「意欲」は黙々と仕事に励む生業に顕著に現れる。地道にモノづくりに生きる生業が日本経済のエンジンであると言っても過言ではない。

　わが国産業の将来を担う先端産業も身体の技がなければ始まらない。身体の技が鍵となる鋳造，鍛造，切削，研磨，金型，プレス，板金，鍍金，熱処理，塗装などの基盤技術産業は生業がその重要な担い手である。この分野に疎い大企業は重要な付加価値源を失っているといってもよいだろう。この身体化された知識の本質を探るべく，以下，箇条書きで思いつくままにまとめてみたい（以下の初出は中小企業随想録（134），2012年1月30日）。

①人間は道具を持つと集中する

　子供でも素人でも熟練者でも，人間は道具を持つと集中する。これが身体化された知識形成の出発点である。人間には道具を身体と一体化させようとする脳の働きがある。脳のマッピング機能というらしい。道具を手足や腰の延長線上にあるものとみなして一体化させようとする働きだ。町工場で働き始めた若者が技能や技術を身につけていく出発点はここにある。

②身につけた身心の基本姿勢が自らを少しずつ着実に向上させていく

　ものづくりの道に入った人たちが正しい基本姿勢を身につけることで集中

力が持続し，技が着実に身についていく．物凄く大きなものを扱うときも極めて精密なものを扱うときも，最後の拠り所は人間の身体なのである．25トンの鋳鉄製アンカーを職人2人の手で解体する割り屋，25kgの大皿を腕，膝，胴体を駆使して磨く燕の職人，挟みゲージをハンドラッピングで5ミクロンほど削って仕上げる80歳の経営者．彼らの作業を見ていると，人間の身体こそが最強のパワーや最高の精度を発揮する自在な加工機械であることを認識させられる．彼らは自分自身の感覚を相手にしているから，その感覚は日々微妙に変わってゆく．この感覚と成果との照合により，自己の身心の内側で絶え間ない向上感が味わえる．ここにものづくりにおける創造性の原点がある．

③「石の上にも三年だ．自分探しなどやっていたらきりがないよ」

これは日本一の脳外科医の鉗子などの医療器具をつくる職人経営者が就活に右往左往する学生を前に発した言葉だ．この工場に私のゼミ生が弟子入りして5年ほど経つ．彼も学生時代とは見違えるほどに精悍な体つきとすり減った指の持ち主になってきた．

④「自分の頭で考え，汗をかいて自分の手を汚して作らなければノウハウは蓄積されない」

これはソニーの井深大さんの開発を支えた木原信敏さんの言葉である．製造現場だけでなく開発現場においても付加価値を生み出すのは開発者が苦労して身につけたものであるということだろう．

⑤「この商売，お金が腕から出てくるからいいよ．元手がかからない」

かわさきマイスターに認定された川崎市の看板屋さん，15の春にこの道に入り，徒弟制度的な世界で殴られながら見て覚えてきた人の言葉だ．

⑥人間は身心に刻み込んだもので生きていく

農協の女性部の集まりで町工場の職人の指の話をした．講演終了後，高齢の女性数名がご自分たちの指を見せて「毎日指を土の中に突っ込んでいるとこうなるのよ」と言われた．節くれだって太い指の先はひび割れで黒ずんで

いた。間違いなく，農業がものづくりの原点だ。

⑦仕事は天職

隅田川にかかる白鬚橋(しらひげばし)のたもとの共同利用工場で一人プレス加工を続けていた荒木さんは，2010年，86歳で工場を閉じられた。70年以上工場で働いていたことになる。10年間，毎年アポ無しで土曜日の午後に訪ねていたが，いつでも仕事をされていた。プレス加工を天職として働く彼の姿が目に焼き付いている。今，その工場を若い元気な経営者が借りて頑張っている。

⑧つくる喜びと創造力を発揮できる現場であれば「作業の大変さ」はそれほど問題にならない

東京芸大の工芸科では若い女性たちが当たり前のように鋳造，鍛造，溶接，切削，ろくろ挽き，素手による漆塗りなどの作業を行っている。一見大変そうに見える作業も創造する楽しさにあふれているように見える。ひょっとすると基盤技術産業の現場で働く人たちもこの楽しさを味わっているのかもしれない。

⑨逃げずに難題を工夫してこなす，勤勉な町工場の人たちの存在が，日本のものづくりの究極の拠り所

限界を一歩超えることで身体化された知識は進化する。カジノ好きの大企業御曹司や震災会議の議事録すら作らない政治家よりも，身の丈の稼ぎで生きる人たちの方が，向上心や克己心に優れているのはなぜだろうか？

⑩「生きること・生活すること」が「知識の身体化」の原点

ゼミ生とのボランティア活動で障がい者たちと一緒に働いていると，大事なことは技能水準の高さだけではないことに気づかされる。われわれは身体を使ってしか生きていくことはできない。「生きることとは自分に責任を持つこと」（詩人 村山美和さんの言葉）。

⑪基盤のしっかりした地域社会が働く人たちに活力を注ぎ込む

なお，本書は私が2019年3月に早稲田大学の定年を迎えるにあたり，弟子たちにより，中小企業に関するさまざまなテーマを学術と実務の両面から取り上げて論述することを企画してつくられたものである。

　また，本書の第1～3章までは，鵜飼が『ものづくり共和国メールマガジン』（2000年12月号～2012年7月号）に毎月寄稿していた「中小企業随想録」（(1)～(139)）から抜粋して若干の手直しを加えたものである（「ものづくり共和国」は，川崎市高津区下野毛の中小企業の若手後継者たちが1996年に作った企業連携グループであり，彼らが川崎市の代表的な中小企業経営者となった現在もネットを通じたさまざまな活動を行っている）。

　現在，わが国の中小企業は，かつての成功体験が通用しなくなり，激しい競争環境に身を置いている。その中小企業に対して，本書では，経営学や経済学，マーケティングといった多様な研究領域を持つ研究者たちが，それぞれの視点から中小企業の実態や未来について，論を展開し，また，中小企業の経営者や中小企業を経営・支援する実務家たちが，それぞれのビジネスや問題意識に基づいた主張を述べている。

　執筆していただいた方たちは皆，私が長年親しくお付き合いをさせていただいている方たちであり，それぞれの分野において唯一無二とも言えるオリジナリティのある活躍で定評のある方たちばかりである。本書は学術書を企図するものではなく，中小企業の経営者や従業員，中小企業支援施策に関わる実務家や地方自治体職員，経営・マーケティングに関心のあるビジネスパーソン全般，そして中小企業ビジネスに関心のある学生および研究者を読者として想定している。本書が中小企業の未来にとって何らかの貢献ができれば幸いである。

　2018年初秋

早稲田大学商学学術院教授

鵜飼　信一

目　次

はじめに―身体化された知識で生きる―　i

第Ⅰ部　中小企業随想録

第1章　生業資本主義と企業経営　2

1　生業の論理とベンチャーの論理　2
2　中小企業は株式会社か－生業資本主義試論－　4
3　身の丈の稼ぎ　6
4　地域社会で生きる　8
5　経営理念　10
6　町工場の母たち　12
7　鉛筆と消しゴム　13

コラム1　あえて小規模という選択　17
　　　　　小さいという強み　17
　　　　　企業規模と生存　19
　　　　　変化し続ける　19

第2章　身体化された知識と人間の生き方　21

1　意欲はどこから　21
2　文系学生の工業高校ものづくり実習　23
3　身体化された知識　26
4　割り屋という仕事　29
5　身体化された知識の持ち主たち　30
6　身につけたもので生きる人たちの底力　32

コラム2　期待値からみた事業承継問題の本質　35

承継に値するか否か　35
成長期待値　36

第3章　ものづくりの生業からみた経済発展の基盤　39

1　工場に思想在り　39
2　技能系と知識系　41
3　生業史観　43
4　経済繁栄の基盤について　46
5　歯槽膿漏的空洞化(1)―見える技術と見えない技術―　50
6　歯槽膿漏的空洞化(2)
　　―変わる生産システムの構図における生業―　52

コラム3　とある地方の産業振興の現場から　57
　　　　　中小企業支援とネットワーク　57
　　　　　中小企業と産業支援機関　58
　　　　　中小企業と地域社会　60

第Ⅱ部　現場から考える中小企業ビジネス

第4章　生業視点のマーケティング戦略　64

1　前提条件としてのマーケティング発想　64
　(1)「マーケティング」を自分事として捉えているか　64
　(2)概念の共通理解　65
　(3)アートをサイエンスで補完する　66
　(4)マーケティング発想の誤解　67
2　革新を導くためのマーケティング　69
　(1)イノベーションの誤解　69
　(2)マーケティングとイノベーションの関係　70
　(3)革新の継続　72

(4) イノベーターの必要条件　73
　3　生業企業の戦い方　75
　　(1) 生業感覚を強みに変えるヒトづくり　75
　　(2) 4つの再点検から再構築するマーケティング戦略　77

|コラム4|　中小製造業の現場発イノベーションが市場を面白くする　82
　　製品開発プロセスにおける差　82
　　自社開発の意義　83

第5章　日本酒蔵元の再生にみる商学の体系
　　　　―「懸隔の架橋」という役割―　　87

　1　商業・流通による「懸隔の架橋」と商学　87
　　(1) 商学の根幹をなす商業・流通　87
　　(2)「懸隔の架橋」概念の買い物弱者対策への応用　89
　2　蔵元再生のプロセス　91
　　(1) 酒どころとしての飛騨高山　91
　　(2) 舩坂酒造店における蔵元再生のプロセス　92
　　(3) 舩坂酒造店が構築するサプライチェーンの全体像　94
　3　蔵元再生の事例が商学の体系にもたらす示唆　95
　4　中小企業と商学　97

|コラム5|　磨き屋が地域ブランドになったいきさつ　100
　　磨き屋を3年やると家が建つ　100
　　日本金属バフ研磨仕上げ技能士会と燕研磨工業会　100
　　iPodの研磨　100
　　磨き屋シンジケートを立ち上げるときにしたこと　101
　　NHK「難問解決！ご近所の底力」への出演　102
　　信頼に支えられ走る　103

第6章　日本の観光経済と地方遊園地の経営　104

1. 日本の観光経済と地域観光戦略　104
   (1) ツーリズムシステム　104
   (2) 観光立国の意味　105
   (3) 伸びる日本の国際観光競争力　106
   (4) 地域観光戦略の視点　107
2. 遊園地経営と遊戯施設メーカー　108
   (1) 遊園地・テーマパークの定義と分類　108
   (2) 遊園地のルーツと遊戯施設　109
   (3) 遊園地を支える遊戯施設メーカー　109
   (4) 遊戯施設メーカーの集積状況　110
   (5) 遊戯施設が持つ経営的機能　111
   (6) 遊戯施設の安全基準の厳格化　111
3. 遊戯施設再生による地方遊園地の経営　112
   (1) 遊戯施設の再生事業モデルをリードする中小企業　112
   (2) 再生事業モデルの変化　113
   (3) 再生事例：スマイルグリコパーク観覧車（楽天生命パーク宮城）　114
4. 地方遊園地はどうやって生き残っていけばよいのか　116

コラム6　革新の続く産業構造を生き抜く　120
　CES2018から見えた産業構造の変化　120
　ソフトバンクグループから学ぶベンチャー企業の戦略　122
　資本主義のエンジン「創造的破壊」　123

第7章　中小企業の海外展開
　　　　―外部資源の活用と海外拠点の成長―　125

1. 中小企業とは何か―中小企業の見方―　125
   (1) 中小企業の定義を定める意議　125
   (2) 経営学と中小企業　126

2 日系企業の国際化の進展と中小企業の海外展開にかかる課題　127
　　(1)日系企業の国際化の進展　127
　　(2)中小企業の海外展開にかかる課題　128
3 中小企業の海外展開の実態　130
　　(1)グローバル化に伴う国内中小企業への影響　130
　　(2)外部資源を活用する　131
　　(3)販路を開拓する　132
　　(4)海外拠点を育てる　134
　　(5)中小企業の海外展開と本社への影響（変化）　135

第Ⅲ部　中小企業経営者とは何か

第8章　中小企業経営者の企業家精神　140

1 企業家機能とは何か　141
　　(1)企業家論の変遷　141
　　(2)本質的企業家機能　143
　　(3)中小企業の企業家機能　144
2 企業家精神の形成要因　146
　　(1)労働観と事業観　146
　　　経営者になる動機　146
　　　労働観と事業観　147
　　(2)企業家精神の形成要因　148
　　　事業経営に対する価値観と規範　148
　　　中小企業経営者の企業家精神　151
3 無名の企業家の生きざま　151

コラム7　中小零細企業の人材育成法　154
　　人材育成の必要性　154
　　人材育成をする前に　154

　　　　新入社員の育成（業務内容　技術の習得）　155
　　　　人材育成術　156
　　　　M君　156
　　　　人材を磨きあげるために　157

第9章　中小企業経営者のパーソナリティと企業行動・パフォーマンスの関係性　158

　1　パーソナリティの代表的な次元と企業行動，パフォーマンスへの影響　158
　　　(1)パーソナリティのビッグファイブ　158
　　　(2)その他のパーソナリティの次元　162
　2　パーソナリティに関する経営者への実務的知見　164

　コラム8　町工場の挑戦　170
　　　　経営者としての原点　170
　　　　高付加価値化への挑戦　170
　　　　都市型先進ものづくりへの挑戦　172
　　　　浜野製作所のDNAを伝えていくために　173

第10章　現代の経済学と中小企業　174

　1　中小企業論と経済学　174
　2　経済学と企業規模　175
　3　中小企業の経済への「貢献」　177
　4　中小企業と金融　178
　5　起業主体としての中小企業　180
　6　中小企業政策　181
　7　経済学的アプローチの限界と可能性　183
　8　よりよい政策に向けて　184

| コラム9 | 「沈黙は金」は正しいか？　中小企業の広報戦略
―上場企業の広報施策と企業価値の関係から―　187
企業価値を高める情報の量と質とは　187
企業の情報発信に関する調査の概要　187
企業の情報発信に関する調査の分析結果　188
企業の情報発信に関する調査における考察と課題　189

第11章　中小企業の経営学はいかに成り立つのか　　　―あるいは経営学とはなんだったか―　190

1　ムラとカイシャの干渉　190
2　産地と市場の齟齬　191
3　互助からつながる革新もある　192
4　しがらみと「社会資本」は同じもの　194
5　民俗学の先行優位　195
6　ヤポネシアの経営学　196

あとがき　199

第Ⅰ部

中小企業随想録

第1章
生業資本主義と企業経営

1　生業の論理とベンチャーの論理

　バブル崩壊後やリーマン・ショック後など既存大企業の経営が困難に直面した時期には，パン屋やケーキ屋などの個人営業店を始めたという話をよく聞いた。大きな会社組織に頼らず，すべてを自分1人でやりくりしていく生き方が共感を呼ぶのかもしれない。一方でベンチャー起業を促進させようという行政側の試みも行われている。IT革命支援の動きに対応しての創業も相変わらず多いようだ。ベンチャーキャピタルやベンチャー対応の株式市場も整備されてきた。

　しかし，パン屋を創業し規模拡大して店頭公開，という事例はあまり聞かない。通常，パン屋を始めるときに資本市場からの資金調達を考える人は希であろう。コツコツ貯めたお金や，親類縁者などから借りた資金で開業するというのが一般的だ。むろん，パン屋でも，事業規模拡大を企図しチェーン店展開などを目指す人はベンチャー企業と同じように資本市場からの調達を視野に入れるであろう。これを逆から考えれば，ベンチャーキャピタルなどを活用して資金調達したり，マザーズなどに上場して資金調達をする場合，起こした企業の事業規模を拡大していかなければ，株主が満足するような配当を続けたり，株価を維持することは不可能である。

　その意味では「ベンチャーの論理」とは規模拡大の論理である。資本市場で資金調達すること自体が規模拡大の方向性を内包しているのである。自分1人ではなく，多くの人々を組織して，コントロールして，売上高を拡大させ，利益の絶対量を増大させる。支配の論理と言ってもいいだろう。その典

型がマイクロソフト社だ。1人で始めたベンチャー企業が成功してゆく地平線には社会全体をも支配する論理が潜在的にあるのかもしれない。

　一方で，自分と家族だけが何とか暮らしていくためのパン屋創業は「生業の論理」である。朝から晩まで身を粉にして働き，生計を立てていく。頼りになるのは自分の腕，自分の身体だけである。立地戦略，マーケティング戦略，資金調達，仕入れ，加工，客との対応，すべて自分1人の責任でやり続けなければならない。誰にも頼らず，誰をも支配しない。自律性と自己責任の世界である。町工場や職人の世界もこれと同じだ。鍛えた腕を頼りに経営者自らが付加価値を生み出し，経営者とわずかな従業員たちが過不足なく暮らしていく。規模拡大は念頭にない。

　この20年間，ベンチャー創業を支援するための公的な施設やSOHO的な施設がいろいろと作られてきたが，これらの施策が想定しているのはベンチャーの論理なのか，それとも生業の論理なのだろうか？　マスコミでもよく取り上げられるある地方の起業支援施設を何回か訪ねたことがある。20社ほどの起業家と呼ばれる人たちが経営する企業の多くは何年経っても事業規模をほとんど拡大していない。始めた当初の規模のままである。この施設での最大の課題は，居心地が良すぎて入居企業が期限を過ぎても出て行かないことであるという。

　事業を興して，これをつぶさずに何年も続けることができる，ということ自体は素晴らしいことであり，尊敬に値する。しかし，これが立派な施設と相場よりはるかに安い賃料と有能な指導員による懇切丁寧なコンサルティングによるものであれば，考えざるを得ない。実際には，ここに入居している企業のほとんどは生業の論理でやっているのである。であれば，彼らが1日も早く自力でささやかな事業ができるような支援策を考えるべきであろう。そうでなければ，パン屋創業は支援しないがベンチャーと名の付く生業の創業支援はする，という妙な施策になってしまう。

　誕生に孵化器が必要なのは自己再生作用の弱った天然記念物である。生態系がしっかりしていれば，生き物は自ら生まれてくる。産業集積も生態系のようなものである。集積を巡る環境がしっかりしていれば，企業は必要に応じてその中から自ら生まれてくる。創業の時点ではすべては生業である。そ

して多くは生業のまま一生を過ごす。聞こえのよいシリコンバレーをイメージするよりもパン屋を参考にして「生業の論理」を念頭に中小企業支援策を考えるべきだ。

　すなわち，立派な創業支援施設を作り，新たな株式市場を創設し，上場基準を緩和したりするよりも，生業を旨とする中小企業にとっては，生産革新や製品革新などに対する助成金，金利優遇措置，無担保融資といった従来型の支援策をうまく組み合わせたほうが，はるかに意義があるのではないか。中小企業支援策は「今ある」中小企業の「意欲」を引き出すことが基本になければならない。

2　中小企業は株式会社か－生業資本主義試論－

　毎年数十社ほど中小企業を訪ねる。経営者にインタビューして工場の中を見せていただく，というのが通常のやり方である。その際，念頭に置いているのは，その企業の本質はどこにあるか，ということである。話を伺った事務所にあるのか，見せていただいた工場にあるのか，製品にあるのか，従業員にあるのか，取引先にあるのか。その企業が付加価値を生み続けていく源泉・原動力はどこにあるのだろうかということに思考を巡らす。こういった問題は大企業よりも中小企業を対象にしたほうが考えやすい。学生たちに出す課題も「中小企業経営者にインタビューしてその生きざまを書け」というようなものが多い。学生にとっても経営者の顔が見える中小企業のほうが「企業の本質」を洞察しようという気になるようである。

　これらの中小企業の多くは大企業と同じように株式会社の形態をとっている。しかし，中小企業の本質を模索する中で，世の中に2種類の株式会社が存在することにあらためて気がつく。大企業㈱と中小企業㈱である。簡単な話，町工場などで取締役会や株主総会が実質的に機能しているケースは聞いたことがない。

　株式会社とは市場で資金調達ができる企業のことだと思う。そのために法的制度で株式会社が定義され，その権利・義務が規定されている。こう考えると，零細な町工場の株式会社は擬制ないし擬態株式会社である。法的に定

められた株式会社の定義を拡張解釈して適用されたものである。中小企業㈱の行動を規定する諸制度の多くは形骸化している。

　株式を市場公開して資金調達ができるということは，配当ができる，株価が上昇する可能性が高い，ということを意味する。ということは，大まかに言えば，その企業の利益率が市場金利より高い状態で，一定期間持続的に成長していかなければならないということである。中小企業の多くはこのようなことは不可能に近い。とりあえず経営者と従業員が食べていくだけで精一杯の，いわば生業である。近年，起業化・ベンチャー創業を煽る傾向が強いが，それならば「株式を市場公開して資金調達ができる（あるいはその可能性が強い）中小企業こそがベンチャー企業である」と定義して施策体系を作るべきだろう。

　こう考えてくると，「株主が統治するわけでもなく，株を持ち合う法人が統治するわけでもなく，銀行が統治するわけでもない，中小企業㈱の本質は何か」という問題が浮かび上がってくる。

　私の父が経営していた㈱鵜飼技術事務所という鍍金工場は1980年に幕を閉じた。その時点では30名近い従業員がいた。彼らは皆それぞれの就職先を見つけ，散じていった。建物としての工場はここを買い取った製版所が2008年頃まで操業していた（その後マンションになった）。法人としての㈱は1985年頃まで存続していた。では鍍金工場を操業していた㈱が消えたのはいつだろう。私の実感では，経営者だった父がこの世を去った1984年である。結局，あの会社が付加価値を生み出していく原動力となっていたのはやはり経営者たる父そのものであり，彼の体力と意欲の衰退とともに会社もフェード・アウトしていったのだと思う。

　企業とは「付加価値を売る商売」であるならば，その本質を考えるということは，その付加価値を生み出すものは何かということを洞察することである。付加価値は，人の持つ知識・ノウハウ・技能・技術と道具・設備，そして材料の3つの組み合わせにより生み出されるのだと思う。中小企業は資本力が小さいから，かなり限られた量しかこれらを活用できない。そうなると最終的には，経営者自身の持つ知識・ノウハウ・技能・技術が付加価値をつける源となる。ならば「中小企業とは経営者の身体と精神そのものである」

と定義してもおかしくない。

わが国には640万の非一次産業の中小事業所（うち製造業は77万）があり，事業所数の大多数を占めている。その多くは株式会社の形態をとっていると思われるが，それらは生業の論理で動いている。株式市場で資金調達するわけでもなく，将来の店頭公開を目指して規模拡大を志向しているわけでもない。このような擬態株式会社としての中小企業が企業数の大部分を占めるわが国には，「生業資本主義」ともいうべき一大勢力が存在するといえよう。

奥村宏氏が指摘されるように，「法人資本主義」に支配されている大手企業の中で働く人たちの行動原理が「会社が人生」という会社本位主義であるならば，これら生業資本主義の中で働く人たちの行動原理は「自分と家族が何とか生活していく」ための「身の丈の稼ぎ」を得るということだろう。そのための拠り所は学歴ではなく，自らの仕事にのめり込んでいく精神と付加価値を生み出す身体ではないだろうか。町工場においては，これがまさに「ものづくりの精神」と「ものづくりの身体」である。

3　身の丈の稼ぎ

マイスターとも呼ばれる町工場の熟練者たちにお話を伺うたびにいつも思うことは，彼らはなぜ働き続けるのか？　身を粉にして働くことでどれだけの稼ぎを求めているのか？　ということである。働いて財を成し引退して，豪邸に住み，ベンツに乗り，ワイン片手にクルージングをして，海外豪遊をして，などということは妄想だにしていないように思われる。あるいはそんなことは望むべくもないということを悟得しているようにみえる。

そこには身体を駆使して働くことによる充足感と稼ぎの限界と納得の仕方，があるような気がする。身体を駆使して働けば，ある種の充足感がある。一方で身体の限界もはっきりしているから稼ぎに限界があることも容易に納得できる。自律的に身体を強く動かす労働のほうが自分を納得させやすいのである。労働価値説の原点のような勤労観がそこに生き残っている。この随想録に登場する高齢の熟練者たちの多くはこのような勤労観を持っておられるような気がする。

そんなことを考えながら，いつもの銭湯に行ったら，無料スチームサウナの前で60歳くらいの痩せたボクサー体型のおじさんが倒れていた。サウナで寝入っていたので隣にいた人が外に連れ出してくれたようだ。急いで番台に連絡したところ，番台のお兄さんは押っ取り刀で駆けつけ，軽く声をかけただけでまた戻ってしまった。聞くとこのおじさんは銭湯の階上にあるマンションの住人で毎度のことらしい。確かにしばらくすると回復して体を洗い出した。大丈夫ですかと聞くとアルコール臭い息で，24時間起きていたので眠かったのだと言う。風呂から上がって番台のお兄さんと話をしたら，彼はこのおじさんを親方と呼んでいた。普段は腕のいい鳶職人で，NTTの高い鉄塔に登って結線工事をすることもあるという。ただ遊び方が半端ではなく，公営賭博や酒で1日中遊んでいたので寝ていなかったらしい。

　銭湯で会う職人系の人たちの会話には競馬，競輪，競艇，酒の話題が多い。むしろ馬券・車券・舟券の話がほとんどであると言ってもよい。彼らの体の洗い方にも共通点がある。速い遅いの差はあるが体をしっかり擦って洗う。足先まで，体の隅々まで丁寧に洗う。小さいタオル・手拭いかナイロンで擦る。たわしの人もたまにいる。使い捨てカミソリで髭を剃る。椅子を使わずにタイルに胡座をかいて洗う人も多い。あがる時も洗う時に使ったタオル・手拭いをしっかり絞って拭く。着替え場まで水を滴らせて戻る人はいない。バスタオルを使う人は希だ。皆，自分の身体を道具のように丁寧に手入れしている。

　ここにも身体を使って働く人たちの特性が見られる。彼らは身の丈（一定水準の衣食住）以上の稼ぎは求めない，あるいは求められないことを知っている。稼ぎを増やすには労働時間を増やすしかない。自分の身体的限界が付加価値生産の限界なのである。使い終わったら風呂でしっかり手入れする。そして遊ぶ時には身体的限界を飛び越えて稼ぐことのできる可能性を秘めている賭博を好み（おぼれる場合もあるが），酒で身心の疲れを癒し（癒しすぎる場合もあるが），明日もまた働くのである。身体の中に労働，食事，遊び，休息というある種の心地よいリズムを持っているのではないだろうか。このリズムは身体を壊さない限りは永続するような気がする。

　「一日の労苦は一日にて足れり」（マタイ傳福音書　6：34）

4　地域社会で生きる

　私は子供の頃町工場の2階に住んでいたが，高学歴の両親があまり近所付き合いを好まなかった影響で，子供の頃は地元での付き合いにあまり深入りできなかった。お祭りでも山車を引いた記憶はあるが御神輿を担いだ思い出はない。当時はバラックや長屋が建ち並び貧しい町だった早稲田界隈には生業も多く，今となってみれば宝の山で，惜しいことをしたなという感がある。

　1947年に創業した父の会社が早稲田に移転してきた1950年代，工場の前は鳥屋（鶏をたくさん飼っていた）と鉄工所，隣は製本屋とラーメン屋，裏は印刷屋だった。いずれも家族だけでやっている生業である。この中で一番初めに姿を消したのは鳥屋で，1960年代のことだったと思う。事業主は区画整理を契機に小さなマンションを建築した。現在は次男がそこで食堂を経営して暮らしている。次に消えたのがわが鍍金工場で，1980年の夏であった。その頑丈な鉄筋コンクリート3階建てには製版工場が入って2008年頃まで操業していたが2010年頃にマンションに建て替えられた。鉄工所も1990年代になって消えた。現在もなお頑張っているのは隣のラーメン屋である。ここは私より2歳下の長男に代替わりし，そのまた息子が母親と共に調理場を仕切っている。

　父の会社は鍍金技術に関してはかなりの高水準で，経営者自身も技術士を兼務して全国の鍍金屋を指導して歩いていた。従業員規模も最盛期には40名ほどになった。当時は早稲田界隈では最も成功した中小企業であったと言っても過言ではない。父の月収が通常のサラリーマンの年収に近かった時期もあった。しかし50年以上経った今日，早稲田の街には生業ばかりが生き残った。

　地域社会の中から生まれてくる中小企業は当初は皆生業である。このうちのいくつかは次第に従業員規模を拡大していく。とりわけ一国あるいはその地域の経済全体が成長軌道にある時はそれほどの努力もなしに大きくなっていくこともある。従業員規模が大きくなってくると経理と組織管理の問題が生ずる。経営の近代化というやつである。経営者が陣頭指揮・率先垂範する

だけでなく権限を部下に委譲してある種のディレクトリーを形成するのである。これはこれで成功することも多い。とりわけ成長軌道にある場合は，である。

　問題は成長軌道から外れたときである。リストラで従業員数を減らしていくとき，別の意味での組織管理の問題が生ずる。経営の「再」生業化である。それまで管理する側に，あるいは資本家的立場にあった経営者が再び汗にまみれて手を汚して現場作業に立つにはかなりの勇気がいる。プライドも捨てなければならない。まして新たな事業を展開しようとするならばなおさらである。しかし，ここをクリアできれば，企業として生き長らえることができるかもしれない。

　このように伸縮自在であるところが生業的な中小企業の強みでもある。その意味では事業規模を拡大していく段階においても，いつでも生業に戻れるような組織体制にしておく必要がある。経営者とその家族が資本家然としてはいけないのである。あくまでも地域社会の人でなければならない。捲土重来の基盤は地域社会にある。

　では，規模を小さいままにしていれば企業を継続できるのかと言うとそうではない。早稲田の生業の人たちも戦後60年の間に何の経営努力もしてこなかったわけではない。生業は生業なりの新規事業戦略や事業転換を人知れず行っていることも多い。ちなみに近所にあった和菓子屋はフランス料理屋に転換して頑張っている。また，地下鉄駅近くにあった評判の肉屋は子息の代から蕎麦屋になって家族で手打ちの蕎麦を食べさせてくれる。事業転換の際には親子共々いろいろなところで修業したと聞く。生業には生業ならではの事業転換力がある。そのコアは言うまでもなく経営者の身心にある。

　私の父はある意味で地域社会の人となることを拒否した経営者であった。当初は工場の中に住んでいたが，従業員規模の拡大とともに，少し離れた別の地域に居を構えるようになった。工場の立地する地域社会には溶け込もうとはしなかった。地域の冠婚葬祭とも全く無縁の生活であった。地域社会においては絶えずエトランジェであった。当時いう都会的生活であったのかもしれない。全国各地を指導して歩く技術コンサルタント兼務の経営者としてのプライドが高かったのかもしれない。彼は1950年代に米国自動車産業の

視察にも長期間出かけたりしていたので，グローバルな技術と経営手法に関心が強かった。本棚には当時売り出し中のドラッカーの本がいくつもあった。こうした研究を元に，家族ぐるみのどんぶり勘定的な鍍金屋の親父さんたちに「近代的な組織管理をせよ」と口を酸っぱくして説いていたのだから，今更生業に帰って身の丈の経営に戻るわけにはいかなかったのかもしれない。

　小さな企業が新事業展開や事業再生を行うとき，その基軸は経営者である。再建過程では長年培ってきた名誉や資産を失うことも多い。その際，身の置き所，心の拠り所となるのは，家庭であり家族であり，そして生活の母体となる地域社会であろう。革新を行う経営者としての発想には，産業集積の思想にとらわれない，ユニークな，あるいはグローバルなものが求められるが，生活者としてはあくまでも地域社会の人であることを忘れてはなるまい。

5　経営理念

　1943年4月，文部省は東京6大学野球連盟に解散を命じ，6大学リーグは中止となった。早稲田大学当局（田中穂積総長（当時））はこの命に従って，早慶対抗野球試合を禁止するに至った。同年9月東条内閣は法文科系学生の徴兵猶予を全面停止する措置を発表した。このため学生のうち適齢者は徴兵検査を受けて12月には入営することになった。出征を前に慶應大学野球部員たちが当時の小泉信三塾長に早慶戦の開催を願い出たところ，彼は快く許可した。これを受けて，慶大野球部は早大野球部に試合を申し込んだ。快諾した早大野球部は大学当局と交渉したものの田中総長は試合の開催を認めなかった。しかし早大当局の許可が出ないまま早大野球部は開催に踏み切り，10月16日正午，後に「最後の早慶戦」と呼ばれることになる出陣学徒壮行試合が早稲田大学戸塚球場において開催された。三塁側慶応の学生席には前年南太平洋の戦線で愛息を失った小泉の姿があったという。

　長々と戦中の話を書いてしまったが，このエピソードに当時の両校が持っていた理念の違いが垣間見られたような気がしたのである。校歌や学長室に掲げてあるような理念とは無関係に，緊急を要する重要な意思決定をどう行ったかにその組織が持つ理念の本質が現れる。早慶戦開催に関しての両校

の意思決定の違いは，当時の大学当局者の個性を反映している部分もあったかもしれないが，基本的には，それまでに積み重ねられてきた指導者たちの行動と意思決定が作り上げた「何か」を反映したものではなかっただろうか。

　企業経営においても，何か問題が起きたとき，額に飾ってある社訓に照らし合わせて判断をする経営者はまずいないだろう。人間，とっさの判断をするときにその人の本質が現れるものだ。経営理念は額縁の中にあるのではない。緊急の決断を要する意思決定において，経営理念は経営者の行為に顕現する。

　そしてこのような経営理念が透けて見える経営者の行動を社員は見ているのである。企業を訪問すると，立派な社長室に「取引先を大事にする，迷惑をかけない」，「社員を大切にする」，「環境を守る」などという社訓のようなものが額に掲げられていることがある。このような経営理念に賛同しない社員はおそらく少ないと思う。しかし，その理念を実際に信奉して自らの行動を規制することは経営者自身にとってもかなりの自己統制能力が必要であろう。

　その意味では，経営理念こそが経営者が最も時間と労力をかけて身体化すべきものである。そして経営理念は経営という行為によってしか身体化されない。組織の中で経営者自身が苦闘しながら鍛えられて理念を身につけていく過程にしか社員たちにも受け継がれていくようなものは見えてこない。「彼も頑張っているな」と思わなければ部下は心を動かされないし，ついて行こうとも思わない。経営者らしい行為を目の当たりにした社員たちが「きみもそこにいたのか」という共感を持ってそれを語り継いでこそ，頑健な理念が形成され継承されていくのである。

　経営者の言動は何らかのかたちで必ず社員の行動に反映される。それが語り継がれることで経営者の行為は時空を超える。かつて「うちには頭のいい社員はいらない。考えて意思決定するのは自分だけだから，俺の言ったとおり動くやつがいればいい」と豪語した大企業経営者がいたが，この独裁者が退いた今，残された社内には経営を受け継ぐ人材が全く育っていないという。受け継ぐべき理念が形成されていないのだから当然だろう。

　日常の企業活動とは異質の「いやなこと」に関して緊急に意思決定をしなければならないときにこそ，その経営者に身体化された価値観が問われる。

そしてこのような意思決定の歴史的積み重ねにより，その会社の経営理念が，さらにはその会社の良心が形成されるのである。そしてそれは一瞬の判断において自らを露出するのである。「最後の早慶戦」の例で言えば，田中総長には「私の一存で早慶戦を開催させてあげよう」という程度の侠気もなく，小泉塾長にはおそらく「早慶戦を許可しなければ私ではありえない」という次元の倫理観があったのではないだろうか。

6　町工場の母たち

　2006年12月のある日，大学に大田区の㈱クライムワークスの山口誠二社長（当時44歳）を招いて講義をしていただいた。山口さんは2004年度の優工場審査で出会った経営者で，27歳のときに町工場を創業して以来，試作加工などの研究開発支援企業を旗印に急速に社員数を拡大している。気迫あふれる彼の講義は，客観性と説得力もあって，普段は眠そうな学生たちも顔を上げて聴き入っていた。終了後，ある学生が「創業してからの困難な事業経営の中で自らを支えたものは何ですか？」という質問をした。最初の回答は「ものづくりに対する情熱」であったが，すぐに続けて「それと，家族ですね」と言って，学生たちにまぎれて座っていた奥さんを立ち上がらせた。小生の講義では日頃から「自分のため家族のために働く，というのが生業の基本論理だ」と言っていたので，まさに生きた見本を学生たちに見せることができた。

　この山口さんに，2003年度優工場の㈱マテリアルの細貝淳一社長（当時40歳）らを加えて「平成年間に20代で創業した大田区の経営者たちによる座談会」を行ったことがある。小生がその司会を務めたが，創業当時の話題になったとき，細貝さんは「中学時代に好きになった人と結婚するためにいろいろなバイトをして20歳になるまでに1千万円ためて所帯を持った。25歳で創業した動機は共稼ぎの奥さんの年収を上回りたかったから」という。奥さんには「会社がつぶれたときには私が食わしてあげる」と激励されたそうだ。その彼女も現在では30名を超える社員のまとめ役として力を発揮している。

　「町工場の妻」は，経営組織が形成されていく過程で，次第に「町工場の母」となっていく。当初は夫の創業を支えていた妻が，次第に増えていく社

員たちにも強い影響力を持つようになっていく。若い社員や熟練工は社長よりもその奥さんに本音を言うことも多い。

　思えば小生の母も「町工場の母」であった。父が職人的な技術屋で対人的な仕事が苦手だったので，その役割は大きかったと思う。戦前に名門女学校を出た彼女は戦後間もなく夫が創業した鍍金工場で働くことになった。現場では鍍金するワークを「引っ掛け」に取り付ける作業をものすごい速さでこなしていた。小生も学生時代にこの作業をやったがとてもかなわなかった。しかし，彼女の本領は社員たちの管理や人生相談と金融機関との折衝で発揮された。遅刻したりさぼったり喧嘩したりする社員を説教したりなだめたり激励したりするのは日常茶飯事だった。社員の家族の名前や誕生日はすべて頭に入っていた。仲人も随分引き受けた。別れ話の仲裁までしていた。

　最盛期の社員数は40名ほどだったので，毎月の運転資金も馬鹿にならなかったが，借り入れの交渉はすべて母が銀行に乗り込んで支店長と話をつけていた。経営が傾いてからは小生も同行することが多かったが，相手に有無を言わせず説得してしまう手際は見事だった。9千万円の借金を返済するための工場売却で地主との交渉が暗礁に乗り上げた際の「いざという時はケツをまくればいいのよ」という伝法（でんぽう）な台詞は今でも記憶に残っている。

　付加価値を生み出す能力を身につけた経営者と言えども，生業においては，経営者として必要なすべての資質を勉強して磨いている暇はない。そこで家族という強力な助っ人が必要となるのである。今夏，母の49日忌を終えて元社員の人たちに報告をしたが，皆，会社で世話になったときの思い出を話してくれた。忘れていたことが一瞬彼らの心の中に蘇ったのだと思うが，会社がなくなって25年以上経っても人の心の片隅に残る働きをしていたのだなと感慨深いものがあった。

　「思い出は狩の角笛，谺（こだま）は風のなかに消えていく」（アポリネール，窪田般彌訳）

7　鉛筆と消しゴム

　中小企業の人たちは皆身心を削って生きている。彼らは鉛筆のようなもの

である。身を削って価値のあるものを生み出している。私は中小企業の経営者たちに会うごとに「身体だけは大事にしてください」と言っている。仕事で身心を削っているのだから，仕事中に前のめりでこの世を去ってもそれは本望かもしれない。しかし，そうであればなおさらのこと仕事以外の日常生活はしっかり管理したほうがよいと思うからである。

　経営者たちにも団塊世代およびそれ以降の人が多くなってきたが，彼らは戦前生まれの人たちと比べて平均的には弱い身体の世代だと思う。戦前から戦争直後に生まれた人たちは高い乳児死亡率の時代を生き残った人たちだ。戦火をくぐり抜けた人たちも多い。彼らの中には豪放磊落な生活を送っていてもびくともしない人たちがいる。素質が違うのだと思う。彼らは人生を生き抜くための身体のエリートと言えるかもしれない。団塊の世代以降が彼らの日常生活まで真似してはいけない。

　中小企業経営者が鉛筆であるとするならば，地方自治体などで彼らを支援する人たちは消しゴムのようなものである。経営者という鉛筆が正鵠に価値のあるものを描くことができるように手助けをするが消しゴムの役割だ。したがって，これを真剣にやっている人たちもまた身心を擦り減らして価値を生み出している。

　最近，私の尊敬する2つの「消しゴム」が病に倒れた。1人は食道がん，もう1人はくも膜下出血である。食道がんの人は担当部長として絶え間なく企業訪問をしてその実情を調べるとともに，商店街の人たちや企業の人たちの夜の会合にも皆勤して彼らの心情を人一倍把握するべく身心を擦り減らしてきた。1月などは毎日夜の会合があったと聞く。その結果，内臓が悲鳴をあげてしまったのではないかと私は推測している。幸いまだ初期だったので短期間で職場復帰して元気に働いているが，私にはとても真似の出来ない人生である。

　くも膜下出血に倒れた人は，ものづくり中小企業の支援のために30年以上，文字通り日夜，東奔西走してきた。最近は中小企業のグローバル化に伴い海外出張も多くなった。その一方で彼らを支援するための執筆活動で旅先でも夜を徹することがあったと聞く。彼が入院したとき，私は「あなたを慕う中小企業経営者はたくさんいる。心配した彼らが殺到するといけないから，し

ばらくは中小企業の人たちとは会わないほうがいいよ」と言った。「鉛筆」が現れるとすぐに「消しゴム」が身を擦り減らそうとするからである。幸い，彼も手術が成功して元気に職場復帰を果たした。

満身創痍になりながらも働く彼らを見ていると「身体だけは大事に」という言葉が薄っぺらのようなものに聞こえるかもしれないが，それでも仕事以外のところではできるだけ臆病になって，長持ちのする消しゴムや鉛筆であって欲しいと願う。彼らが真剣に生きていること自体が価値を生み出すことだと思うからである。

人間は，行住坐臥を真剣に過ごしていれば，企業活動や社会活動をしていなくても，家事だけでも，あるいは介護をされる側の人でも人間社会において何らかの価値を生み出すものなのだと思う。真剣に誠実に生きていれば亡くなってからでも彼についての記憶が価値を生み出すこともあるのだから，何も今無理を重ねて身心の限界を超えるようなことはしなくてもよいのではないだろうか。このようなことを考えていると，逆に，身を削り身を擦り減らして価値を生み出す人を内部に擁していない組織は無意義なもののように思える。

ものづくりに生きる中小企業は皆，自社の内部に付加価値を生み出すコアの技術や技能を把持している。しかし，最近，彼らがこれをどう維持し，どういう方向に発展させようとしているのか，ということについて少し不安を感じることがある。どのようなものであれコア技術を重要文化財のようにそのままの状態で社内に保存しておくことはできない。日々，現場で仕事を行うなかでしかこれを維持することはできない。コア技術は動態的にしか保存できないのである。そして現場に仕事を呼び寄せるには，世の中の動きに応じてニーズも変化していくのだから，コア技術自体も発展的に変化していかなければならない。しかし，一部の中小企業において，このコア技術進化の元となる現場と経営者の距離が離れていたり，コア技術が硬直化しつつあることが気がかりだ。

昨今，わが国の大手製造業の収益基盤の低下が指摘されている。パナソニック，シャープ，ソニーなど大手電機メーカーの巨額赤字，エルピーダメモリの破綻，自動車メーカーの世界市場での地盤沈下等々。彼らの惨状を見

て今さらのように，日本のものづくりの危機を叫ぶ人もいる。しかし，中小企業の視点から見ることに慣れた人間にとっては当たり前の話である。

　大手企業は，日本経済が低成長に入って以来，付加価値が低いといわれる生産プロセス自体もその中味を外部化してしのいできた。組立工程で使われる部品の加工の多くは下請中小企業が行っている。部品製作のための金型も下請がつくる。組立工程で使われる多くの自動組立機や治具も下請がつくる。外部化しているのは高額な製造設備だけではない。

　こうして現場から離れるごとに，ものづくりのノウハウを身につけた人たちが大手企業の内部から消えてゆく。実はこのような大手企業の生産工程における歯槽膿漏的な空洞化は1980年代から起こっている。EMS（Electronics Manufacturing Service）の本質的な収益基盤はこのあたりにあると思うが，大企業，とりわけ家電メーカーは，コスト的に身軽になることばかり考えて，製造現場におけるコア技術を社内で維持もせず発展もさせずに目先の収益だけを追い求めてきたようだ。身を削り身を擦り減らして価値を生み出すことを最も確実に実感できるのは現場においてである。このような感覚を身につけた人を内部に抱えない組織に未来はない。小さな企業が大企業の真似をしてはいけない。

（鵜飼信一）

❖初出一覧

第1節…中小企業随想録（1），2000年11月16日
第2節…中小企業随想録（3），2001年1月24日
第3節…中小企業随想録（35），2003年10月29日
第4節…中小企業随想録（45），2004年8月28日
第5節…中小企業随想録（53），2005年4月28日
第6節…中小企業随想録（73），2006年12月28日
第7節…中小企業随想録（136），2012年3月29日

❖参考文献

第5節…早稲田大学大学史資料センター・慶應義塾福澤研究センター編［2008］『1943年晩秋 最後の早慶戦』教育評論社。
第6節…アポリネール著，窪田般彌訳［1982］「狩の角笛」『アポリネール詩集』ほるぷ出版，75頁。

コラム1

あえて小規模という選択

小さいという強み

　「栄枯盛衰　世の習い」という言葉がある。筆者は仕事柄，人や企業にばかりにこの言葉を当てはめてしまいがちだが，やはりこの世の中そのものを表している格言であると思う。はるか太古の昔，恐竜たちは2億年近く我が世の春を謳歌したと言われている。しかし今この地球を我が物顔で歩いているのは人類。そう，もともとは恐竜に怯えその食料となっていた小さな小さな原始哺乳類の末裔であるわれわれ人類である。

　なぜ大きく強かった恐竜が滅び，小さく弱かった哺乳類が生き残ったのか？　その考察は小規模企業経営の1つの解答につながるのではと考える。もちろん筆者は専門的に生物学を学んだわけではないので四方山話としてお読みいただきたい。それは恐竜を大企業，哺乳類を中小企業に例えると驚くほど生物の栄枯盛衰と一致することから思いついた1つのモノの見方，考え方でもある。

　まずは地球の気候が安定していた頃の様子を経済に照らし合わせて想像していただきたい。気候，言い換えれば経済が安定しているときには恐竜のように大きいということが優位に働き，体の大型化が進み続ける。企業ならばどんどん大きくなっていくわけだ。ところがひとたび恐竜絶滅の一因とされる隕石衝突のような環境激変の事態，現代ならばリーマンショックのようなことが起これば，その体の大きさは仇となり衰退のスピードを増すことになる。この激動のとき，たぶん哺乳類はその弱点であった体の小ささを最大限に生かして生き残ったのではと想像している。ここで激変期には哺乳類のように体が小さいことも企業にとって決して悪いことばかりではないという点を挙げてみよう。

①体が小さいがゆえに小回りが効く（小組織の柔軟性）
②生存のためのスペースは狭くてもOK（隙間産業のような小さな市場）
③少ない食料でも長期間の生存が可能（少額のランニングコスト）

などがある。並べてみるといかにも環境の変化に強そうだ。
　ところが恐竜の衰退にも似た昨今の大企業の凋落を目の当たりにすると真逆の

①大きいがゆえに小回りが効かない（大組織の硬直化）
②生存のためには大きなスペースが必要（大きな市場の必要性）
③多くの食料が不可欠（多額のランニングコスト）

という環境の変化へ対応しづらい点があげられる。個々の事情はあるにしろこれらも衰退原因の一部ではと感じてしまう。
　もちろん大組織のマンパワー，頭脳の多さに比べると小組織は圧倒的に頭数が少ないし，少人数または最小単位での意思決定が是か非かと問われると必ず最適な決定が下されているとは言い難い。しかし小組織ではリスクを取るのは誰かということがはっきりしていて，その決定には覚悟が伴っているのではないだろうかと自身を振り返って感じている。
　たとえば，企業がイノベーションを目指すとしよう。イノベーションは挑戦，つまりチャレンジすることによって生まれる。当然チャレンジであるがゆえにリスクが伴うのだが，イノベーションが生まれづらい最大の要因はこのリスクではないだろうか？　大きい企業でのリスクマネジメントはリスクの最小化のみならず，チャレンジが失敗したときの責任回避法や責任転嫁論にまで偏ってしまう可能性があると聞く。場合によってはやらないほうがよいという結論になってしまうことも多そうである。しかし小さい企業ではチャレンジに失敗したとき，経営陣には私財を投げ打つ覚悟があり，その覚悟に応えようとする従業員との信頼関係が築かれていることも多いのではと思う。

企業規模と生存

　筆者は学生のとき，経営学の授業で「企業とは利益追求集団であり成長し続けるもの」と習った記憶がなんともあやふやで心許ないが，この脳の片隅にある。中小企業の中でもかなり小さな企業の経営者となった今ではこの言葉以外にも企業には選択肢があるとのではないか思っている。

　企業価値とは何だろう。成長して企業規模を大きくし続けることが企業目的ならば企業の価値は規模の大きさということになる。ならばまずは，成長以前に生存つまり存続し続けることこそ重要ではないか。詭弁のようにも聞こえてしまうが，大切なことはまずは生き続けることだと考えている。もちろん大企業の生き残り策はその大きさなりの解答であるが，その解答は小規模企業には当てはまるべくもない。あえて小規模という選択をすることにより生き残っていく道もあると筆者は考えている。

　大規模のほうが企業としてやりたいことが実現できるならば，大規模化を目指すことがその企業にとって良き選択といえ，またその逆に規模が小さいほうが企業としてやりたいことを実現できるならば，小規模であり続けることがその企業にとって良き選択といえるのではないか。つまり事業形態や方針は個々の企業とそのマーケットでそれぞれ異なり，大規模化するだけが企業の目的ではないということである。

　企業規模は成長の結果ではなく，そのときの経営環境に最適な大きさを企業自身が選択した結果と考えることもできそうだ。体の大きさたる企業規模と生存を許されるという企業価値は全く別物であるわけだ。この考えでこの生物界を見渡すとおもしろくもあり，生物たちもみんな必死で頑張って生き続けようとしているなぁと妙に感心してしまうのは筆者だけかもしれないので，御異論があっても何卒お許しいただきたい。

変化し続ける

　最後に変わるということについて考えてみたいと思う。「栄枯盛衰　世の習い」の栄と盛のときは企業や人も世の常でつい緩んでしまう。そしてついには枯と衰のときとなり，すでに手遅れということになるのだが，そうならないためには，特にビジネスにおいてはどのような教えをこの格言

から学べば良いのだろう。

　まずは，どのような成功しているビジネスモデルもいつかは枯れてしまうことを常に意識することが重要と思う。弊社も活字用合金事業の隆盛と衰退という激変をはじめとし，いくつもの波を経験してきている。それでもなぜ百年余りにわたって弊社は小さいながらも生き続けることができたのか。それは変わり続けてきたからだというのが筆者の学びである。変わらないことは変わり続けること。世代を超えてこの言葉を心に刻み続ければ弊社のような小さなファミリービジネス企業でも，これからも生き続けることをこの世の中より許されるのではと感じている。

（田邊豊博）

第2章
身体化された知識と人間の生き方

1　意欲はどこから

　酷暑の夏はいつにも増して仕事をやる気にならない。原稿執筆も試験の採点も，いわんや教授会はさぼりがち。唯一の例外は工場見学だ。これだけはとりあえず体を動かして訪ねてみると，以後人生を真剣に生きようという気持ちになる。思いつきで訪ねた人間のインタビューに快く応じてくださる経営者には意欲的な方が多く，そのような工場は従業員にも活気がある。この経営者や従業員の意欲はどこから生まれてくるのだろうか。

　経済学的には働く動機はお金だ。しかし，それだけではないだろう。聞くと，仕事が面白いから，好奇心から，向上心から，腕を磨きたいから，いずれ独立したいから，などさまざまな答えが返ってくる。一方で，他に生きる道がないから，というネガティブな答えが返ってくることも多い。意欲的に働いている人でもこういう答え方をする人が結構いる。そうなると，工場で働く行為そのものの中に意欲をかき立てるものがあるのかもしれない。

　働く行為がポジティブな自己表現の一種だとすれば，働くという身体活動において自己表現をしたい，という欲求が意欲を生み出しているのではないだろうか。「しょせん親企業次第さ」「どうせ社長になれるわけでもないし」といった諦観の中でも「身体を動かして自己の存在感を味わいたい」という欲求は生ずる。私のサラリーマン時代の実感でも，現場で仕事（＝インタビューや原稿書き）に没頭していると，社長も上司もないひとときがあった。

　意欲は自らの身体を動かすことから出てくるのではないだろうか。健康状態が悪化して身体活動が不活発になれば，企業経営の意欲も勤労意欲も低下

する。むろん，体調不良に気づかないほど仕事に集中していれば話は別だが，経営者の健康悪化が企業経営の退潮と軌を一にすることもある。

私の父が工場を閉じたのは1980年8月だったが，彼はその後体調不良が続き84年8月にこの世を去った。今思えば，経営が傾き出した78年頃から社長室に引きこもってあまり現場に行かなくなり，家では時たま貧血を起こしていた。従業員からもっと現場に顔を出してくれという声が出ていたが，工場長まかせで，結局これに応えることはなかった。当時，従業員数は最盛期の40名から30名ほどに縮小していた。規模縮小期においては，階層的な組織管理よりもトップの率先垂範が重要だと思うのだが，それもままならず，現場の意欲は停滞して，好き勝手なことをする者も出て経営は最終局面を迎えた。

現場で作業をすることから意欲は生まれてくる，という考えには，そうは言っても仕事がなければ作業もできないから意欲は生まれないのではないか，という反論が来るかもしれない。しかし，仕事を貰うために東奔西走することも現場作業の1つなのだから，やはり「始めに現場作業ありき」だろう。しかも皆苦しいなかで，品質だ，コストだ，納期だ，改善だ，と頑張っている。現場作業という身体を駆使する行為の中から意欲が生まれてくると考えたほうが説明がつくのではないか。

辛い作業でも身体を使っての自己表現はそれ自体「快」であるようだ。それがうまくゆけば尚更である。身体に熟練が形成されていけば，一段と快であるのではないだろうか。「快適感覚を求めて」，これが意欲の源泉かもしれない。純粋な精神作業だけでも快は生ずると思うが，身体作業を伴うとより確実に快が生ずる。否，思索行為そのものにも身体作業が組み込まれているのではないか。

私もパソコンで原稿を書き始めて長いが，次第に指の動きが速くなることは一種の快であった。当初は頭の中から「こう動け」という指令が身体に走るが，慣れると身体に自動機構のようなものが出来上がり，あまり意識的に命令しなくともすむ。逆に指先が推敲を促すようになる。身体が頭に「考えろ」と命令する。原稿を書く気が起きないときも，とりあえずスイッチを入れ，姿勢を正してキーを打っているとやる気になることがある。本を読むときもそうだ。読む意欲のないときは座禅でも組みながらゆっくり読む。一字

一句読む。隅から隅まで読む。こうしていると次第に活字の世界に没入する（眠る場合もあるが）。

　私が部長をしている大学のウェイトリフティング部の練習を見ていても似たようなことがある。「今日はだるい」「疲れている」などとやる気がない部員が，ゆっくりと軽い重量で念入りに挙げているうちに次第に気が入り，自己記録まで出してしまう。背中を丸めて椅子に座り，背もたれに寄りかかったままでは意欲は出てこない。

　「生きること，それは呼吸することではない。活動することだ。わたしたちの器官，感官，能力を，わたしたちに存在感をあたえる体のあらゆる部分をもちいることだ。もっとも長生きした人とは，もっとも多くの歳月を生きた人ではなく，もっともよく人生を体験した人だ。」（ルソー『エミール』）

2　文系学生の工業高校ものづくり実習

　私は生まれてから15年ほど小さな工場の2階で暮らし，学生時代には時々仕事を手伝っていたので，今でも町工場の中に入ると懐かしさと安心感がある。以前，川崎市の多摩川沿いにある県立向の岡（むかいおか）工業高校を訪ねて実習室を見せていただいたとき，「あ，工場と同じ雰囲気だな」と感じた。以前に早実の副校長を経験して「高校」という場には親近感を持っていたのだが，これを契機に工業高校というものがより身近に感じられるようになった。

　ところで，私のゼミでは中小企業とりわけ町工場を対象に調査研究を行っており，年間を通じて工場見学や経営者へのインタビューなどを行っている。しかしある時期からこの手法の限界が見えてきた。実家が中小企業をやっている場合を除き，学生達はなかなか実感を持って中小企業を分析することができないのである。「町工場は何らかの技術や技能をもって付加価値を生み出しているんだ」といくら力説しても今ひとつ隔靴掻痒（かっかそうよう）の思いがする。カウンターに座って飲んでいても飲み屋という経営体は実感できない。カウンターの内側に立ってこそ初めてわかる何かがあるのではないだろうか。

　こう考えて町工場でのインターンシップのようなものを考えた。しかし素人の文科系学生を町工場に送り込むことは危険も多く，相手側のメリットは

皆無に近い。そこで工場と似たような雰囲気を持つ工業高校に目をつけたわけである。小学生を優しく教えることのできる彼らなら大学生を教えることは容易だろう。しかも教えることは教えられることにつながるわけだから，次代のものづくり基盤を担う工業高校の支援にもなるかもしれない。こう考えて2002年夏に同校の塚田校長に相談したところ，あっという間に「文系学生のものづくり実習」が実現の運びとなった。

第1回目の実習は2002年11月9日土曜日9時から向の岡工業高校で行われた。大学生は学部3年生3名，大学院修士課程1名，博士課程2名，計6名が参加。高校生側は機械科，電気科，建築科から2年生と3年生が計20名ほど参加して指導に当たってくれた。

機械加工には院生S君と学部生F君が参加した。午前中はCADで図面書き，午後は旋盤，ボール盤，タップたて，磨きなどで真鍮の丸棒から筆立てを作る。芯出しの作業に思いのほか手間取っていた。生徒も何から教えるべきかがつかめず大変そうである。2人とも素質はあるようだが，手作業で行うタップたてが結構難しかったようだ。

電気工事配線には院生M君と学部生M君が参加。木のボードにスイッチや電球の取り付け具，曲げた鉛管などを取り付け，配線をして2つの電球に通電させるという作業だ。壁の内側に配線をする工事に見立てた設定である。カッターなども使い，細かい作業がずっと続くことや見慣れない工具を使うことなどが大変そうだった。

木工は院生T君と学部生T君が参加した。柱と梁というイメージで，3つの部材からなる木枠組みを鋸，鉋（かんな），ノミ，金槌などで作る。技能的にはここが一番難しそうだ。教える生徒もどちらかといえば職人系で，気風（きっぷ）のよい感じだ。彼らとは鋸や鉋で明らかに大きな差が出る。それでも午後になると大学生たちの鋸の音も良くなっていた。最後の羽目合わせのところで苦労したが，ここが高校生たちの腕の見せ所でもあった。ノミを使う時でも体に引き寄せて全身の力を使っている。金槌を叩く時も躊躇せず思い切り叩いている。素人ではなかなかできる技ではない。以下は大学生たちの感想文からの抜粋である。

学部生T君（木工）：「……技能については，ノミで穴を掘る工程で思うこ

とがあった。最初にノミの使い方を説明するために工業高校生がお手本を見せてくれた。それを見て，しばらく自分でやってみてから，またお手本を見せてもらった。そうすると，今度は自分のやったやり方と生徒のやり方の違いに気づいた。自分は金槌を振る時に主に肘を動かして肘から先で振っていたが，生徒は肩から動かして腕全体で振り下ろしているように見えた。そのほうが，力が入りノミが深くまで刺さるようであった。それを見てからは自分も腕全体で振るようにしたが確かに一打ちごとに刺さっていく深さが深くなったように思えた」

同君：「思うに，最初にお手本を見せてもらった時には何をするのかを理解しようとし，次に見せてもらった時には，どうやったら上手くいくのかを見ていたのだろう。やり方がどうこうと考え，判断ができたのは，実際に自分でやってみて分かるものがあったからだと思う。……何かを身に付けていくというのは，自分の中に外部からの情報と照らし合わせるものを増やし，自分で判断をできるようにしていくことではないかと思った」

学部生F君（旋盤）：「次に図面をもとにして機械加工を行った。旋盤，ドリル，ねじ切り，研磨，熱処理の手順で進んだ。加工手順を設定するのは重要だ。図面が複雑になればなるほど加工工程は増す。誤った手順で加工に入ると，作業効率を落としたり，その後の作業に支障を来たすなどの問題が生じる。複雑な加工手順をうまく設定するには実際の機械加工に精通する必要がある。蓄積された経験は具体的な加工作業にのみ発揮されると思いがちだが，加工手順の設定にも生かされることを確認した」

学部生M君（電気配線）：「特に難しかったのが，電線やケーブルの剥き方，部品への接続，および金属管の加工でした。ケーブルの剥き方は段剥きと鉛筆剥きの2種類あり，慣れるとどうということはないのですが，ただひたすら同じ作業を繰り返すのがきつかったです。部品への接続で一番難しかったのはいわゆる「の」の字でした。これはケーブルの銅線を「の」の字に曲げて，その曲げた所に止めネジがきちんと入らなければならず，これが難しかったです。金属管の加工は体力的にきつかったです」

職人の仕事を詳しく調べた永六輔さんがどこかで「それぞれの仕事にはそれぞれの言葉がある」と書いていた。私がインタビューした製缶板金の「か

わさきマイスター」が「鉄をいじめる」とか「鉄をなだめる」などと表現していたのもこの類だろう。大学生たちの感想文からも「それぞれの実習作業にはそれぞれの体感的な感想がある」ということが見てとれる。熟練はまさにここから出発するのではないだろうか。

「自分の頭で考え，自分の手を汚して作らなければノウハウは蓄積されない」（木原信敏，㈱ソニー木原研究所取締役会長談）

3　身体化された知識

2002年はヘルマン・ヘッセ生誕125周年であった。そこで中学時代に読んだ『車輪の下』を読み返してみた。貧しい田舎町の秀才ハンスが猛勉強して首都の神学校に合格し寄宿生活を送るのだが挫折して故郷に戻り，周囲の冷たい視線の中で機械工の道を歩み始める。無給の見習い工として歯車のヤスリがけ作業からスタートし，筋肉痛などに悩まされながらもその過程で本の知識からは得られない何か価値のあるものを実感する。機械工も経験したヘッセ自身の実感をベースにしているので，工場での作業や休日に先輩職人たちと飲み歩く様子も現実味あふれるものがある。以前読んだときの記憶には前半の神学校の生活と悲劇的な結末しか残っていなかったのだが，40年後に再読した今，生業資本主義論者として必読の書だと思った。

私の言う生業資本主義においては，小さな企業においては経営者も従業員もみな「身体化された知識を駆使することによって価値を創造する」ということを前提に置いている。「身体化された知識」というと何かとても難しい話のように聞こえるが，熟練技能がその代表例であると言えばわかりは早いだろう。体で覚えた知識，と言ってもよい。

これは何も肉体労働だけを言うのではない。私の恩師は80才を過ぎても，統計データ，歴代天皇，歴代総理大臣およびその時の大蔵大臣などをすらすらと暗唱されていた。お宅を訪問すると今でも「いざという時に「本に書いてあります」ではだめだ。思考するために，あるいは人を説得するために必要な基本的事項は暗記していなければだめだ。ほら，お前も言ってみろ！」とよく叱られた。時には一夜漬けで暗記して行くのだが，年季が入っていな

いのでなかなか「身体化」されない。

　最近は講演でもパソコンを持ち込んでパワーポイントなどで流れるように説明する人が多いが，流れのスムーズさのわりには聞く側の心に響くものが少ない。会場に行く際に乗ったタクシーの運転手の話のほうが記憶に残っていることがある。運転手の話のほうが身体化された知識であるからかもしれない。私は常々「銭湯の湯船で他人を説得できる話ができなければだめだ」と考えているが，これも「身体化された知識の説得性」が念頭にある。湯船にはメモもパソコンもOHPも用意できない。頭も含めた自分の身体で話をするしかないのである。

　工業高校で体験実習をしたゼミ生が「設備機械を扱うよりも道具を扱うほうが難しかった」と言っていたが，利便化された機器よりも道具のほうが，使う人に身体化されたものに依存する度合いが高く，素人と玄人の差が一層大きくなるからであろう。名古屋にあるトヨタ産業技術記念館を見学したとき，最初の展示室には，道具・工具や測定器具などが飾られてあった。道具そのものは何も語らないが，これをどうやって使うのかということを考えるとき，身体化されたものの重要性が浮かび上がってくる。「トヨタのものづくりの思想」の原点はまさにここにあるのかもしれない。

　アメリカの経済学者ゲーリー・ベッカーは『人的資本論』（1964）で以下の主旨のことを言っている。「労働力は投資によって生産能力を高めることのできる「資本」である。個人には生まれつき一定の生産能力が備わっている。この生来の生産能力を，個人は訓練を受けることによって，最初の水準以上に高めることができる。ただし訓練をしている間は，それに時間をとられるわけだから，生来の生産能力を完全に発揮することはできない。訓練は将来の生産能力を高めるための「投資」であるから，これを人的資本投資という。人的資本投資によって訓練終了後は，その人の生産能力は生来の水準よりも高くなる。この訓練前よりも高くなった分が，訓練の成果，すなわち人的資本投資の収益となる」。

　字面は難しそうなことが書いてあるが，要は訓練により身体化された知識が，訓練前より高い生産能力を生み出すならばそれは資本の増加である，ということだろう。経営者自身が現場で働く生業資本主義の世界では，もので

あれサービスであれ，財の供給者は自らの身体化された知識という，いったん習得すればいくら利用してもなかなか減耗しない経営資源を活用して財を加工し，差別化している。この身体化知識による財の加工に伴う限界費用は極めて小さい。経営者が身につけた付加価値生産能力は，いかなる高額の設備機械にも優る強力な経営資源なのである。

　2003年も中小企業にとっては極めて厳しい年になりそうである。しかし空洞化と嘆いていても始まらない。「躍進する中国」も「失われた10年」もなかったことにするわけにはいかない。だからといって製造業の人たちがいきなり商品化能力を身につけることは難しい。そこで，もう一度心を新たにものづくりに徹底的にこだわってはどうだろうか？　技術と技能を徹底的に磨く。その際の方向の1つは，自社で行っている生産工程のさらに前工程にまでさかのぼって付加価値の元を突き詰めていく。そうすると部品のユニット化や新材料対応などの展開方向が見えてくるかもしれない。さらにはユーザーのニーズの本質が浮かび上がってくるかもしれない。ここに新事業展開のヒントがあるとは考えられないだろうか。

　もう1つの方向は設備と道具の改良・工夫である。生産技術革新の効果は生産性の向上やコストダウンだけではない。設備や道具を徹底的に「自分のものにすること」＝「身体化」は生産システムの進化をもたらす。ここからユニークな道具や設備が生まれれば新製品開発にもつながる。

　これら2つの方向は生産現場では日常的にはブラックボックス的に取り扱っていることが多いが，ここに宝の山があると考えるのがものづくりに生きる人たちの奇をてらわない展開方向であろう。生産現場に存在するものは人と材料と道具・設備である。この組み合わせから付加価値を生み出していくしかない。長年現場で働いてきた人たちには身体化された資本が豊富に存在するはずである。生業ゆえの生活感覚をもってものづくりに徹底的にこだわることで新たな事業の方向も見えてくるのではないだろうか。

　「人間も歯車もベルトも，一様にはたらきつづけていた。そこでハンスは生まれてはじめて，労働の讃歌をきいた」(ヘルマン・ヘッセ『車輪の下』実吉捷郎訳，岩波文庫，208頁)

4　割り屋という仕事

　以下は2005年大田区京浜島にあるムソー工業という材料試験片（テストピース）を作る会社を訪問した際，経営者の尾針輝男さんからうかがった話である。尾針社長は，この京浜島の工業団地形成史にも詳しく，貴重な歴史写真も撮影・保存されている。この写真を見せていただきながらお話を伺った後，小生が非常に大きなものからテストピースを切り採るときはどうするのですかと聞いたところ，「鵜飼さん，最近面白い写真を撮ったよ。まだ世の中にこんな職人がいるんだね」と数枚の写真を見せていただいた。そこには，「割り屋」という職人が作業する姿があった。

　その写真の中で行われていたのは，26トンのFC200材でできたアンカー（沈錘(ちんすい)）の解体である。単体の大型構造物を製作するときには鋳物が使われることが多い。しかし，これを解体するとき，機械工場に持ち込んで切断機などで切断するということができない場合，そのもののある場所に出向いて解体しなければならない。さらに，最大級の「割り機」を苦労して現場に運び込んでも，このアンカーのように機械に載らないものもある。

　そのとき登場するのが，この解体を請け負う「割り屋」と呼ばれる人たちである。彼らは渡り職人のように，全国津々浦々からお呼びがかかると飛んでいって作業をする。昔はこんな仕事がたくさんあったようだが昨今はかなり少なくなったという。

　作業は2人1組で行う。1人はヘルメット，大きな防塵マスク，皮の手袋，作業服の上に前掛けをした重装備のいでたちである。彼はこの鋳物に専用の固定具にドリルを付けて穴を明け，そこに楔(くさび)を入れていく。その際，金属の割れやすい目のような箇所を見つけるのに長年の経験と勘がいるようだ。そしてもう1人は上半身裸でねじり鉢巻，黒皮の手袋，作業ズボンに前掛け，というスタイルである。彼が，埋め込んだ楔の頭を「牛殺しの木」と呼ばれる頑丈でしなりのある柄の大きなハンマーで，微妙なコントロールをしながら強烈な一撃を加えてひびを入れて解体していく。いったん打ち出したら1,000回ぐらいは連続して打ち込むのだそうだ。

この作業はとても危険で，ハンマーで楔の頭を打つ時，芯が少しでもぶれると楔の片が飛ぶ。それはまさに鉄砲玉と同じで，殺傷能力がある極めて危険なもののようだ。それが自分に向かって飛んでくることもしばしばで，写真で見ても命がけの傷跡がいくつもある。もう1人の相棒との間には防護壁として分厚いベニヤ板が立てられ，これを境に2人の仕事が同時進行する。
　ハンマーを打ち下ろす方の作業は，とにかくすごいパワーの要る仕事なのでなまじの体力ではできない職種だ。結構いい手当てが取れるという。この写真に登場した人は，66歳とのことだが，どう見ても50歳ぐらいにしか見えない。体つきは大相撲の魁皇をそのまま体重90kg（推定）くらいに縮小コピーした感じである。若い時は70キロのダンベルを片手で頭の上まで持ち上げることができたという。まさに，いわゆる3KにO（重い）を加えた3KOの仕事と言えよう。
　ものづくりにおいて物凄く精密な作業を行うとき，人間の手の技能を頼りにすることが多い。同じように，機械でも手に負えない物凄く大きなものを相手にする作業においても人間の手がその拠り所となることが多いようである。これは高層ビルの足場鳶や重量鳶の作業を考えると合点がゆくだろう。
　われわれは，先端技術を支えるものは，手の技能に代表されるような身体化された知識であること，そして人間の身体は科学技術や経済社会と同じテンポで成長するわけではなく，歴史的に退化する場合もあることを再確認する必要がある。また，われわれは先端技術だけで生きているわけではないのだということもあらためて認識しておくべきだろう。このようなところにあらゆる生業の存在理由があるではないだろうか。

5　身体化された知識の持ち主たち

　今回は少し生々しい身内の話をさせていただきたい。というのも2006年5月はこの件にほとんど気を奪われていたからである。小生には今年92歳になる母がおり，自宅から2分ほどのマンションに1人暮らしをしている。ここのところ食欲が落ちていたが買い物や身の回りのことはすべて1人でこなしていた。ある日の夕方，様子を見に行ったらユニットバスルームから「助け

て」という声が聞こえてきた。駆けつけると空のバスタブの中で仰向けになって手足をバタつかせていた。頭をシャンプーしようとして転がってしまったらしい。

　一瞬息を呑んでから，頭を打っていないか手足が動くかを確認した。しかし，亀が甲羅を背にしてひっくり返ったように地面と同じ高さのバスの中に50kgの体がはまり込んだように倒れているので，手を引っ張っても起き上がれない。やむを得ず渾身の力で抱え挙げて助け出した。かなり腰から背中にかけての筋肉が緊張したが，この時ほど重量挙げというスポーツを42年間続けてきてよかったと思ったことはなかった。

　落ち着いたところで救急車を呼んだ。3名の若い救急隊員が駆けつけてくれた。彼らの心のこもった手際のよさは素晴らしかった。素早く触診と脈と血圧を計るだけで，脳と手足に異常はないと判断した上で，救急病院に運んで検査することを勧めて，受け入れてくれる病院を何度も電話して探してくれた。彼らは担架の入りにくい狭いマンションでも無理なく素早く安全に運ぶ。このうちの1名の方は救急病院でCTの結果が判明したときも共に無事を喜んでくれた。

　救急病院で診察をしてくれたのは若手内科医であった。触診で手足や腰の骨に異常がないことを診てから血液検査と頭部CT検査を行った。検査結果が判明して，頭部にも異常がないことを説明してくれた後，触診で大腸付近の腫瘍を見つけて，至急検査することを強く勧めてくれた。

　いったん母を家に引き取って翌日，空きのあった別の病院に検査入院することができた。高齢なので日にちをかけて検査しましょうということだったが，検査を開始して2日目の夕食中に胃から血を吐いた。7時近かったが間髪を入れずに主治医の青年外科医が駆けつけて手術室に運び，内視鏡による手術を施してくれた。想定していた腫瘍とは全く別に胃潰瘍が2箇所あってそこからの出血だった。1時間後に見せてくれた写真には2箇所クリップ止めがしてあった。翌日再度撮った写真を見ると吐血が嘘のように完全に止血されていた。

　術後は点滴などのためベッドでの不自由な生活になったが，看護婦の方々に大変お世話になっている。排便ごとにベッドから起こしたり，床ずれしな

いようにベッド上でずらしたりする作業は，小生が力任せにやるとかなりの筋力を要する。彼女たちも作業で鍛えた筋力はかなりありそうだが，それ以上に作業の基本姿勢が素晴らしい。これによりかなりの出力と速度と持久力を可能にしている。加えて，母の髪の編み方が毎日変化しているのも嬉しい。

　この原稿を書いている時点では今後の治療方針はまだ決まっていないが，とりあえずサプライズの状況は乗り越えることができたようだ。この過程において，ものづくりと同様に，想定外の事態に即刻かつ適切に対応できるのは，その人に身体化された知識であることを改めて思い知らされた気がする。しかも今回はこの身体化された知識を蓄積させこれを有効に活用させていく原動力が何であるかもわかってきたように思う。この患者が今後どうなっていくかは本人の生命力に依るが，日常においてこの生命力にプラスの効果を及ぼしていくものは患者を取り巻く家族の身心のうちにあることもまた生業資本主義に生きる企業の場合と同様であろう。

6　身につけたもので生きる人たちの底力

　2011年3月11日当日は自宅で仕事をしていた。書類が散乱した程度で済んだが，歩いて数分の実家が心配だったのですぐに駆けつけた。マンションの9階まで駆け上がった。そこに暮らす甥は無事だったが，中はかなりのカオス状態。パソコンや小さな棚が倒れている間をぬって居間に行くと，80kgくらいある大きな木製の飾り棚が倒れてガラスが散乱し，中に飾ってあった沢山の陶器が壊れている。ベランダでは温水用の貯水槽が傾き給水管のパイプを破損させたために水が吹き出ていた。夕方まで応急処置をしてからエネオスに電話するが全くつながらなかった。

　翌朝，知り合いの設備工事の人に電話をしたら昼に駆けつけてくれた。60歳になる小学校の後輩だ。小柄だが高校時代に柔道で全国2位になった身体はよく動く。小生の倍近くある太い指が道具を操って素早く作業をこなしていく。2時間ほどで修理は完璧に終了した。

　大テーブルに喰い込むように倒れた棚は重く，割れたガラス部分も多いので甥と2人がかりでは起こせない。日曜日に，旧知の信州出身の椅子張り職

人（70歳）とその仲間で福島出身の家具職人（68歳）に助けてもらい4人がかりで起こして片付けた。彼らもまた小柄でがっちりした身体で武道をやっているかのような姿勢と太い指の持ち主だ。棚を起こしてから解体しトラックに運ぶまでの手順やそのための段取りなども極めて適確だった。

　想定外の事態が起きたとき，迅速かつ適切に対応してくれるのは，ものづくりの場合と同様に，その人に身体化された知識であることをここでも改めて思い知らされた。

　大田区や川崎市などの産業集積地の中小企業には地方出身の創業社長やマイスターが多い。皆，15や18の春に集団就職などで「ああ上野駅」という人たちだ。彼らもおしなべて指がごつい。まだ骨の柔らかい年齢から専門の作業を始めれば，作業に適応して指の骨が変形していく。むろん指以外の身体全体も変化する。指はその象徴である。工場の中で何年もかけて損得抜きに仕事にのめり込んでいってはじめて，こういう指になるのだろういつも感心している。

　彼らの実家はたいていの場合，農業や漁業などの第1次産業を営んでいた。以前，JA女性部の講演で「町工場の人たちの指はごつい」と言ったら，終了後にご年配の女性たちが自慢の指を見せて下さったことがある。「子供の頃から手を土の中に突っ込んで作業をしているとこうなるのよ」という指はものづくりの現場で活躍する人たちに勝るとも劣らないほど道具化していた。

　町工場の地方出身者たちの多くは，子供の頃から農作物づくりや漁の現場を体感したり，道具を使ったりしていたのだと思う。生活空間も都会育ちとは全く違う環境だったろう。太陽と土と水がある。畳の間があり，座る生活があった。生活の中に作業がたくさんあった。第1次産業主体の社会における生活習慣と心身の形成。ものづくりのための準備体操をしてきたようなものだ。「ものづくりの精神と身体」の原点がここにある。

　以前に噴火で三宅島から北区桐ヶ丘に避難してきた人たちが最初に言った言葉は「この空き地で野菜を育ててもいいですか？」だったという。困難に直面しても自らの手で克服しようとする精神と，そのためのノウハウを身につけた身体がここにある。人間の精神と身体は生活様式，生活習慣により形成される部分が大きい。そして人間は心身に刻み込んだもので生きていく。

被災地の人たちの奮闘ぶりはわれわれの想像をはるかに超えるものだ。危機に直面した人間にこれだけの底力が出てくるのかと思う。しかも今回の危機はわが国のものづくりを支える町工場の人たちの多くが生まれ育った地に起こった。わが国のトップクラスの中小企業経営者やマイスターを育んだ土地である。私は東北地方にはゼロからモノを産み出していく遺伝子を持つ人たちが今も多数存在していると信じている。

　「イクラ計量自動充塡機」の開発を皮切りに最近では「薪ストーブ　クラフトマン」の開発・販売に成功し，釜石のエジソンと言われた石村工業の石村眞一さんも被災した。画像で見る限り，彼の工場は壊滅状態のようだ。釜石・大槌地域産業育成センター職員の方のブログの画像から確認した限りでは，鉄骨とコンクリートの土台，そして社名だけはしっかり残っているが，建物の中は大きく破壊されている様子がうかがえた。しかし，彼のものづくりのコアとなったものは彼の身心に確実に保持されていると確信している。ゼロからの出発になるとは思うが，長年続けてきたものづくりの中で自分の身体化したものを信じて頑張ってほしい。

　「雨ニモマケズ風ニモマケズ，マダ光アルウチニ光ノ中ヲ歩モウ」

（鵜飼信一）

❖初出一覧
第1節…中小企業随想録（10），2001年8月26日
第2節…中小企業随想録（24），2002年11月27日
第3節…中小企業随想録（25），2003年2月25日
第4節…中小企業随想録（60），2005年11月28日
第5節…中小企業随想録（66），2006年5月30日
第6節…中小企業随想録（124），2011年3月30日

❖参考文献
第1節…ルソー［1962］『エミール〈上〉』岩波書店。
第3節…ゲーリー・ベッカー［1976］『人的資本―教育を中心とした理論的・経験的分析』東洋経済新報社。
第3節…ヘルマン・ヘッセ［1958］『車輪の下』岩波書店。

コラム2

期待値からみた事業承継問題の本質

承継に値するか否か

　後継者がいないために事業の譲渡や売却，統合などM&Aを選択肢に入れている中小企業が3割超に達している（『2017年版中小企業白書及び小規模企業白書』）。後継者難から廃業する会社のおよそ5割が経常黒字で，2025年には中小経営者の6割以上の経営者が平均引退年齢の70歳を超える。そして，60歳以上の個人事業主の7割は「自分の代で事業をやめる」と回答している（『日本経済新聞』2017年10月6日付）。

　税制（親族内で会社を引き継ぐ場合の相続税や贈与税の支払い猶予，中小企業のM&Aをする際の税負担の軽減）や金融（承継経営者への低利融資），さらには，外部人材登用やマッチングのサポート等々で国も必死である。なぜならば，このまま黒字廃業を放置すれば，25年までの累計で，最悪約650万人の雇用と約22兆円のGDPが失われるという試算があるからである（『日本経済新聞』同上）。

　テレビの局アナは，その多くが，いわゆる専門職入社である。いろいろな番組を担当し―一時にはアルバイトで結婚式の司会をしたりして―最後は部下なし専門職部長として新人の教育担当をして定年を迎えてそれなりの退職金を手にすれば，ハッピーリタイアメントとなるであろう。一方，ある程度人気を獲得できた局アナで，フリーのアナウンサーとして独立する者も，男女を問わず存在する。彼ら・彼女らは，なぜ独立してフリーになるのであろうか。

　$E1$＝「専門職としてテレビ局に定年まで残った場合に得られる生涯獲得収入の期待値」，$E2$＝「フリーとして独立した場合に得られる生涯獲得収入の期待値」とした場合に，本人（および周りの人たち）の評価で，$E1 \ll E2$（$E2$が$E1$より圧倒的に大きい）からにほかならない。ここで

言う「生涯獲得収入の期待値」とは，もしも独立して成功した場合に得られる生涯最高収入のことではない。生涯収入の期待値とは，（成功したフリーアナウンサーが得られる生涯収入）×（成功確率）のことである。成功確率は，当然のことながら，個々人の資質や特技，才能，人脈等々，そして何よりも「運」に依存することになる。

　子供がいるのに後継者がいない中小企業の事業承継の問題は，ある程度まで，期待値の問題で説明が可能である。E1＝「家業を継いだ場合に得られる生涯収入の期待値」，E2＝「家業を承継しなかった場合に得られる生涯収入の期待値」とした場合に，E1≫E2の場合には，後継者は家業を継ぐ確率が非常に高くなる。その逆に，E1≪E2の場合には，どれだけ親が嘆願・説得してもE2の進路を選択するであろう。したがって，後継者に事業を継承させたいと思っている経営者がやるべき最大の仕事は，E1をできるだけ大きくすることにほかならない。もちろん，数値化できる金銭的な期待値の問題だけではない。現実には，それにカウントできない諸々の要因が密接に関連し合っている。どのような人に出会えてどのような経験を積めるか，どのような人と出会えて誰と人生を共にしてどのような人生を歩むか，さらには子供の資質や個性の問題，親子関係の在り方の問題等々の定量化することのできない諸々の要因が存在する。そもそも，子供のころから個人に資質がない，そのビジネスには全く向いていないと親が判断した場合には，親は初めから継がせようとは思わない。

　バブル期に蔓延した行き過ぎた拝金主義への反動として，何でもお金に換算する考え方を蔑む風潮にあるが，ビジネスの根幹を理解するためには，期待値の考え方を（大学生生活の中で）きっちりとマスターしておかねばならない。さもないと，根本的なところで意思決定を誤ることになりかねない。

成長期待値

　国家にもライフサイクルがある。産業にもライフサイクルがある。当然のことながら，企業にもライフサイクルがある。起業をした企業の大半は，「経営者のライフサイクル」≒「企業のライフサイクル」として市場から

消えていく。累積赤字で資金繰りに困った末の倒産は産業の新陳代謝を促進する。また，衰退期に入って多くの企業が撤退した結果，残存者利益を享受するというのも戦略の1つであろう。

淘汰されなかった企業の中の一部は，事業承継を期に，成熟期（あるいは衰退期）から第2の成長期を創ることに成功する。いわゆる，「第2次創業（あるいは，第3次創業）」という段階である。第2次創業のためには，親のやってきた方法を愚直に・堅実に踏襲するという方法もあるが，時には精神的な「親殺し（親のやり方を否定すること）」が必要な場合もある。

それらが果たせない企業は「人が採れない」「人が育たない」と嘆く。そして，多くの中小企業経営者は，「人が採れない」「人が育たない」と嘆き続けてきた。新卒であろうと中途であろうと，企業の大小を問わず，若い人たちの絶対人口が減少している社会においては，優秀な人材の獲得競争は熾烈にならざるを得ない。なぜ優秀な人材が採れないのか。これも，就職希望者からみたその会社の「成長期待値」—（社長が語る会社の将来像）×（従業員からみたそれが実現できる確率）—が小さいことが最大の理由である。したがって，そこでも働きたい（あるいは，そこでしか働けない）という人しか採用できない。採用できている人と会社の成長期待値はほぼ釣り合っているといえよう。会社の成長期待値を高めて会社の魅力度を向上させる投資を惜しんでいては，優秀な人材を引きつけることはできない。

また，従業員がその会社の成長期待値を計算しやすくするためには，会社の透明度を上げることも必要である。経営者の個人の財布と会社の財布が一緒になっている会社があまりに多すぎる。結果として，従業員の待遇は他社と横並びであるが，経営成果が好調で本来なら会社に再投資すべき（あるいは，従業員に還元されるべき）資金が経営者個人やそのファミリーに還流している企業が多すぎることも事実である。そのような資金の一部は，経営者の個人的な財テク（例えば，ベンチャー企業の株式への投資）に回されている場合すらある。経営者が自らの会社への再投資を怠って財テクに励んでいる会社に優秀な人材が採れるはずはない。

会社の成長期待値を上げる投資が結果的には上記のE1（後継者が家業を継いだ場合に得られる生涯収入の期待値）を大きくすることになる。中小企業経営者の最大の仕事は，後継者の育成と会社の成長期待値の拡大ということになる。

　経済が成長期の時代（プラスサム社会）は，競合他社と同じことを同じようにやるだけでもパイ自体が拡大していたために成長が可能であった。しかし，人口減少が加速している日本経済は明らかに衰退期（マイナスサム社会）にある。そのような環境下で他社と同じことを同じようにやっていたのでは，結局は，従業員の平均年齢が最も若い会社（換言すれば，平均給与が最も低い会社）が勝つことになる。他社と違う分野をいかに作り出すか，あるいは，同じ分野で戦うのならいかに違うやり方をするのかが問われている。衰退産業の中であっても，急成長企業が生まれる可能性は常にあるのだから。

（永井　猛）

第3章
ものづくりの生業からみた経済発展の基盤

1 工場に思想在り

　工場は「工夫」する「場」だと言う人がいる。そのとおりだと思う。ではなぜ工夫しようとする気持ちになるのだろうか。単に経済合理性だけではないだろう。工場の中が金銭動機だけの世界では「改善」やQCやISOなどは成り立たない。むしろ「場」のほうに重要な意味が包含されているのかもしれない。

　活気のある工場では，会社に来て工場の中に入ると「今日もお金を稼ぐぞ」というよりも「さ，やるか」という気分になるのだと思う。私もサラリーマン時代には，出社してデスクにつくと「さあ，仕事だ」という気分になることがあった。この瞬間は「金が欲しい」とか「管理職になりたい」とかの意識はなかったと思う。

　要するに，工場や現場という「場」に入った時点で，よい仕事をしよう，工夫をしよう，という気になることがある。人間は特定の場に入ると気持ちが改まるのかもしれない。たとえば，散歩していて神社仏閣などに遭遇すると，なぜか真摯な気持ちになることがある。力士や柔道家が道場に出入りするとき，野球やラグビーの選手がグランドに出入りするとき，自然に礼をしていることが多い。そこに身を置くとき，自ら畏怖する心，願う心があると感ずるような「場」がある。なぜそうなるのだろうか。この問題を考えることにより，人間はなぜ工場や現場に入ると損得抜きで働くことがあるのか，という問いの答えが見えてくるのではないか。

　とりあえず「場とは一定の空間をさす」としよう。この場にあるものは何

か？　人工物，空気，人，動植物，土，鉱物……およそ地球上にあるすべてのものの一部あるいは全部と言ったらいいかもしれない。そしてこの場を認識するのはその場に在る自分である。場の状況を受け止めるのは身体を持った自分なのだ。五感等を通じてその場をどう自分の中に映し出しているか，ということがその場における自分の行動と強く関連するのではないか。場においては皆，自分と対峙しているのである。逆に考えれば，自分と対峙しやすい場が「よい場」であるとも言えよう。

　工場の中で黙々と旋盤に向かっているとき，身体の内側では自分と対峙している。ドライバーでゴルフボールを叩いているときも，実は対峙しているのは自分自身である。パソコンの画面を見つめて原稿を書いていても，実は自分自身と内言で会話をしている。それぞれの作業内容に応じて，各自の身体特性に応じて，自分と対峙しやすい場があると思う。そしてこの場が自分自身を鍛えてくれる。

　1994年，早稲田実業の副校長に赴任したとき，最初の朝礼で挨拶をした。校庭で並んで待つ1,800名ほどの中高生と60名ほどの教職員を相手に朝礼台の上に立つと身震いのする思いがした。大学の講義や講演で大勢の人間を前に話をするのは慣れていると思っていたが，場が変わると自分の気持ちのあり方も変わってくることを実感した。その後は教員室，事務所，教室，クラブ活動や運動部の試合などに頻繁に足を運んだ。早実という場に積極的に関わってゆくなかで中高教育というものを体感できた。これとともに，朝礼も自分の言葉で落ち着いて行うことができるようになった。場慣れするとは「場」が自分自身を鍛えてくれるということだろう。

　働く人たちを「工夫させて鍛える場」とする代表例は，やはりトヨタの工場だろう。トヨタの工場にはいまだに豊田佐吉や喜一郎のことを見てきたように語ることができる人が少なくない。これにはさまざまな理由があろうが，基本的には，佐吉や喜一郎が「現場の人」であったからこそ，彼らの工場における「後ろ姿」と「言葉」が語り継がれ，後々の人たちの頭の中で明確なイメージとなって再現されるのだと思う。

　こうなると，好むと好まざるとにかかわらず「工場に思想在り」という状況が生まれてくる。そうなれば，細かい指示はされなくとも工場に入ると，

多くの人がその瞬間に「その気」になるのではないだろうか。トヨタの作り上げた過酷な生産システムの深層には，経済合理性では説明できない通時的な「思想」のようなものがあるように思われる。

中小企業でも，経営者が現場に身を置いて，自らの五感を通して工場のあらゆる状況を体得して初めて「工場主」になる。そして，この工場主の現場でのあり方が「後ろ姿」として従業員たちに伝播し，工場という「場」の雰囲気が出来上がる。これが持続することによって，その工場の「思想」が形成され，これを感じ取った人たちが，生産という具体的な目標の中で統一的な行動をするべく導かれるのではないだろうか。

2　技能系と知識系

以下は，職人的技術屋を自認していた父に聞いた話である。「変わった適性検査がある。距離は20メートルもあれば可能だ。場所は平坦なところでもいいし1階から2階というのでもよい。被験者はラーメンのどんぶりに水を満杯にしたのをスタートと同時に持って終点に届ける。採点は所要時間と水の減量測定で行われる。評価は次の4つに分けられる。A．速くてこぼさない。B．速いがこぼすのも多い。C．遅いがこぼさない。D．遅くてこぼす。Bの評価に属する人が多いと思われるが，この検査は技能畑に進む人にとって大きな意味がある。ABCランクの人はその他の要素すなわち根気・知能の程度によって，何らかの技能に携わることができる。しかしDの人はいかに学校の成績が良くても技能畑には適しない」。

こう言って，戦中，航空技術研究所に勤務していた元陸軍技術将校は次のように喩える。「昔の航空兵の専門を選ぶ場合，Aは司令部偵察機，Bは戦闘機または軽爆撃機，Cは重爆撃機だな。うまく言い表せないがこの検査は，人の何かの天分ないし適性を見いだす方策だ。これは生まれながらに身に付いているものでガリ勉では身に付かない」。

現在のわが国教育システムにおいては，この人間の適性を見いだすという仕組みが組み込まれていないように思う。ここでその詳細を論ずる紙幅はないが，小生はこの仕組みの基本は「学齢の早い時期から進路に関するさまざ

まな選択肢を用意する」ということであると考えている。

　この点，戦前のほうが多くの選択肢が用意されていたと思う。すなわち義務教育は尋常小学校の6年間のみで，その上に中学校や高等小学校，実業学校などがあった。さらには旧制高校や師範学校，専門学校，陸軍士官学校，海軍兵学校などさまざまな上位校の選択肢が存在した。就学年数も多様であった。選択肢が多種多様であれば，自分の適性について早くから真剣に考える契機が生まれる。また，進路に関する社会的認知も一元的ではなくなるのではないか。今日，さまざまな分野で高度技能の保有者と言われる人たちの多くは戦前の教育システムをくぐり抜けてきた人たちである。その意味で，この選択肢の多様性というのは適性を見いだすための重要な仕組みの1つではないかと確信している。

　今の教育システムにおいて学校は，ある水準以上の知能があれば全員習得できる知識を供与することをその任務としているように見える。学卒者は基本的に知識習得者に過ぎない。そこには適性を見いだしていく仕組みが見られない。小学校卒業時点では進路の選択肢はなく，中卒時には普通高校に行くか専門高校（工，商，農，水産など）に行くか，あるいはわずかではあるが高等専門学校に行くかの選択肢があるだけだ。高卒時においてはさらに狭まって，文系の大学に行くか理系に行くか，あるいは専門学校に行くかの選択肢があるだけである。早い時期に技能畑に進む選択肢は中卒時のそれに一部内包されているだけだ。小学校時代に技能系を志向するタイプはスポーツや音楽・芸能など教育システムの外にある趣味の分野に向かわざるをえない。

　しかも教育のカリキュラムは実験室や現場よりも教室における断片的知識の記憶学習を重視するものとなっている。たとえ専門高校を卒業したとしても，現場の中卒3年目の人間が身につけている技能をすぐ習得できる身体にはなっていない。工学部系大卒だからといって，高卒4年目の現場作業者と同等の問題解決力を有しているわけではない。知識と技能とは別個のものなのである。知識は頭脳で習得できるが技能は心身で会得するものである。学卒者といえども現場で鍛えねば技能者とはなり得ない。

　しかもやっかいなことに，今の専門高校や理系の出身者の中には技能系に不向きの人がかなり混じっている可能性がある。単線的な進路の中で何とな

くこの道に入ってしまった人がいる。多様な選択肢の中で自分の適性を真剣に考える，という契機を奪われてここまで来てしまったからである。かえって文系の学生の中に技能系の仕事で力を発揮する人を時折見かける。「理科実験は好きだが教室の座学は苦手」とか「手は器用だが算数は嫌い」といった小学生のなれの果てが文系の学生の中に混じっているからである。

　こう考えると，現在の教育システムが内含する進路選択肢たる「理系と文系」という分類方法は人間の適性を見るためには不適切であるような気がする。むしろ「技能系と知識系」という分け方をしたほうがいいのではないかと思う。それも早い時期に選択肢を設けることが重要だ。中学卒業時点では遅い。もう少し前から，心身共に弾力性に富んだ時期からその人の適性や天分を見いだすような進路の選択肢を設けることが望まれる。そして高校時代は自分の選んだ道の基礎を確立することに使うべきであろう。

　技能系の方向に天分を見いだしこれを付加価値を生み出すまでに鍛えていくには時期を選ばなければならない。二十歳を過ぎてからでは遅いのである。経済社会と科学技術は進化しているかもしれないが，技能の基盤となる人間の身体はそれに合わせて進化しているわけではない。

　「汝の若き日に汝の天分を覚えよ」

3　生業史観

　中小企業を研究する学問は経済学の一部である。経済学は「経済を動かす力は何か」ということについて考察する学問である。労働価値説，限界効用説，あるいは有効需要の理論も皆その時代その場所における経済を動かす力について理論的に分析したものと言える。さらに，過去の偉大な経済学説においては，この経済を動かす力についての理論的考察とともに，理論で扱う視野をはるかに超えた長期にわたる経済の変化についての考察がなされている。いわゆる「史観」というもので，代表的なものとしてはマルクス等の唯物史観やマックス・ヴェーバー，シュムペーター等の唯心史観がある。

　このうちマルクスの唯物史観は，物質的な生産力ないし生産技術の変化に応じて，生産関係（生産および生産手段を中心とした人間関係）すなわち経

済構造が変化すると考える。そして生産技術の変化は，生産様式だけでなく一般の社会構造や生活様式の変化をも引き起こす。それゆえに生産力こそが歴史を動かす根源的な力である，という見方をする。

一方，マルクス以降の唯心史観には唯物史観の長所を取り入れたものが登場してきた。なかでもヴェーバーは宗教社会学的に歴史を分析し，ルター，カルビン等の宗教改革により行き渡ったプロテスタンティズムの倫理が，利潤の追求のみには終わらない「資本主義の精神」の基盤を形成して，持続的な経済発展を実現したとみる。また，シュムペーターはイノベーションを敢行する企業家の役割を強調しこれが発展をもたらす原動力と考える。どちらも企業家のスピリットを経済発展の要因とみるので「気質（エトス）史観」と言う人もいる。

さらにこの唯物史観と唯心史観を統合するものとして高田保馬（たかたやすま）による第三史観というものがある。その基本的考え方は以下のようなものである。一国の人口が量的に変化するとき，それは同時にその質的な構成変化を伴う（戦後の日本経済の高度成長期がまさにこれに当てはまる）。さらにこの変化が，多数の人々が共存するための社会関係の変化をもたらす。唯物論で言う生産関係は，この一般的な社会関係に適応するはずである。

こう考えて，高田は一国内に2つのグループが地域的に分かれて存在するとして以下のように仮定した。第1のグループでは産児制限が行われて出生率は低く，第2のグループではこの制限は行われず，出生率は高い。第1のグループは資本主義の発達と共に生活水準や教育水準がある程度以上に高くなったグループである。そのような人たちは，自分自身が高い生活を享受するためにも，また子供に高い教育を受けさせるためにも子供の数が少ないことを望むものと考える。

第1のグループの経済成長率が第2のそれより高い場合，第2から第1グループへ向かって空間的かつ産業的な人口の移動が起こる。第1のグループの経済成長率が高ければ高いほどその移動速度は速く，第2グループの人口は急速に減少していく。そして出生率の高い第2のグループの縮小とともに国全体の人口増加率は停滞し経済成長率もまた減退する。

このような高田の史観は，戦後日本の高度成長がその後の人口停滞を引き

起こしたプロセスをうまく説明する。すなわち，地方から大都市への人口移動，第1次産業から第2次・3次産業への労働力移動，その後の核家族化と人口増加率の減少等を説明するのに非常に有効である。

こうした史観というものは経済社会を鳥瞰する時の視点であり，経済社会の長期的変化をある一定時点において一定の場所から見たものと言える。理論と同様に経済社会の分析用具の1つである。現実の経済社会の問題を考究するとき，われわれは何らかの史観を持ってビジョンをそこに投影している，とみることができるかもしれない。

では，生業をわが国資本主義の基盤をなすものとみる生業資本主義の史観とはどのようなものだろうか。基本的には第三史観と似ている。すなわち，農業人口が多かったからこそ，そこからの労働力流入により工業が栄えたと考える。しかも，人間の生活に有用な何かをつくるという視点からは農業がものづくりの源流であるとみる。

ここでさらにもう1つの仮定を置く。人間は「物質・エネルギーの形態を変化させること」により財およびサービスを生産してきた。その生産方法はもともとは試行錯誤で行われたが，付加価値を追求するなかでこれが次第に「技能」となっていき，さらにそれが理論的に組み立てられて「技術」となる。すなわち，技能が元でこれが技術に転化し，新しい技術を体化した機械設備が登場し，これを使いこなす新しい技能が生まれる。そしてこれがまた新たな技術に転化していく，というかたちで技能と技術の関係をダイナミックに捉える。

この2つの考え方を重ね合わせると，高度成長期に農業などの第2グループの人たちが大都市に来て工業に参入したということの帰結は以下のように考えられる。すなわち，技能修得の素質を持った人たち，あるいは技能を身につけるための準備体操をしっかりしてきた人たちが工業に入って，そこでの技術体系に応じた技能を形成して熟練工になり，この熟練工の技能がベースとなって生産技術が進化してきた，ということである。しかもこういった熟練工はのれん分け創業のかたちで生業として大都市内部で細胞分裂的に増殖していった。

ここに，この時期に量産型工業の生産性が向上する素地があった。エネル

ギー技術の持つ生産性を所与とすれば，生産性向上の出発点は技能の向上である。そこから加工方法の標準化・マニュアル化や改善が行われ，熟練工の手順がプログラムに移し替えられて現場の使用に耐えうるNC工作機械や産業用ロボットなどが出来上がっていった。しかも技術革新は大企業から生業まで行き渡る。

　生業史観のもう1つの重要な視点として，先の気質史観と似たものが挙げられる。すなわち，「勤労の精神」である。小生が見てきた元気な町工場の人たちは皆共通して勤勉である。頭と体をバランスよく勤勉に働かせている，という点では元気な生業の人達の右に出るものはそうはいないだろう。資本主義社会の発展にとって，経済合理性だけでは動かない人たちの存在は不可欠である。高度成長期には中小企業に働く人たちとともに大企業や官僚のエリートたちの中にもこのような人種が多数存在したように思う。勤労の結果得た利潤を善と考え，浮利を追わない。こうして利潤動機と勤労精神のバランスをとるのが「資本主義の精神」なのである。

　企業数で見ても労働者数で見てもわが国企業の多くは生業である。いまだに国内で最も勤勉な（あるいは勤勉にならざるを得ない）人達がここに存在する。この一大勢力が活性化する時，一国経済は活性化する。身体化された知識をベースに小さな企業で働く人たちのアニマル・スピリッツこそが経済を動かす原動力である。

4　経済繁栄の基盤について

　高度経済成長が終焉してからこのかた日本経済はバブルが起きたときに一部の実体経済が少し上向き，この泡が破裂すると経済全体が停滞するという状況を繰り返しているように思う。したがって，多少景気が上向きになっても，われわれの住んでいる世界の閉塞感にはなかなかぬぐいがたいものがある。とりわけ年金，健康保険，介護保険，消費税等の議論に直面するごとにその感が一層強まる。日本経済の行く末は？　死ぬまで現役で働かなければならないのだろうか？　老後はどこで暮らそうか？

　このような問いについては「経済繁栄の基盤は何か」を思索する必要があ

ろう。この点，先に生業史観と称して，生業で働く人たちの技能・技術と勤労精神こそが経済を活性化させる基盤であるということを述べた。ここではその際に積み残した議論について少し散文的に触れてみたい。それは人口と技術と原資に関する問題である。

われわれを憂鬱にさせている大きな要素の1つは人口の高齢化・若年層の減少であろう。これは現在の人口構成から確実に見通すことのできる将来なので，深刻感は重くのしかかる。たとえ出生率が急増したとしてもそれが生産年齢に達するのは20年ほど先のことなのである。

高度成長の中頃まで人口は着実に増加し，さらにその自然増加率の地域的格差と生活水準の地域的格差が，農村から大都市へ，1次産業から2次・3次産業へ，という大規模な人口移動を引き起こした。そしてこれが大幅な産業構造の変化と経済成長を可能にしてきた。しかし，どうもこの経験がわれわれの思考の足枷になっているような気がする。たしかに，成長をリードする新たな産業には新たな身体化された知識が必要となる。その習得のためには気力と体力が必要となる。気力は若さゆえの希望から，体力は若さそのものから生ずる。したがって，産業構造の変換により成長を実現していくためには，人口における若年層の割合が決定的である，という発想になってしまう。

しかし，これは量産の時代の思考体系かもしれない。人口が1億人を突破しようとしていた時代において経済を発展させるには産業構造の大幅な転換が必要だったかもしれないが，ポスト成長率の時代における経済繁栄のためには，われわれは人口成長における活力よりも1億2千万人という人口ストックのポジティブな側面に目を向けるべきだろう。すなわち，人口の大きさそのものがアイディアと生産と市場の基盤であると考えるべきであろう。

次に技術の問題について考えてみよう。高度成長期においてはさまざまな技術革新が登場し市場を拡大していったが，その中で最も基盤となる，戦前と一線を画するものはエネルギーと材料における技術革新であろう。とりわけ戦後の生産性向上の大部分は，発電をエネルギー生産効率の極めて高い石油に転換したことによって説明できよう。戦後主導産業となった家電，自動車，そして半導体はいずれもその生産と消費に廉価で豊富なエネルギーの存

在を前提としている。

　これらの製品や部品に使われる主原料について考えてみると，その大元は鉄鉱石，石炭，ボーキサイト，マグネシウム（岩石や海水に含まれる），珪素（岩石や土壌の主成分），石油などの天然資源である。これらに石油やウランから生み出されたエネルギーを加えて生産されたものが鉄鋼，アルミ，マグネ，シリコン，樹脂などである。いわば一見無価値な土塊に膨大なエネルギーを加えて創造したものと言っても過言ではない。

　そして石油が非常に効率のよいエネルギーだったことがこれらの生産効率を著しく高めたのである。エネルギーの技術革新が一番大きい，というのはこの意味においてである。1970年代におけるオイルショックはこの技術革新にも資源制約という条件があることを思い知らせた。その後の石油価格の推移はこの資源が枯渇するにはまだ時間がある，ということを示唆したが他方で「資源制約を免れると環境制約が現れる」という教訓も残してくれた。

　戦後の動きをこのような視点で観察すると「技術の本質は物質・エネルギーの形態を変化させること」であり，「人間は物質・エネルギーに関しては何も生成できない，何も消滅できない」という結論が出てくる。まさに「不生不滅，不増不減」である。こう考えてくると，現在よりもはるかに優れたエネルギー効率を実現する技術革新が現れない限り，高度成長期のような成長曲線を上方にシフトさせる大躍進は不可能である。

　そこで当面は，現行の技術体系を基盤にした革新に期待するしかない。徹底的な微細化（エレクトロニクス関連技術）にしても「一見無から有を生む」ようなタイプの技術（バイオ・遺伝子関連等）にしても，生産技術的には現行の技術体系をベースにしているのだから，ある意味では，むしろ「技能的なもの」の重要性が一層増すのではないだろうか。

　最後に成長の原資について考えてみよう。これに関してはいわゆるマルクス経済学の発想が有効である。すなわち「原始蓄積は収奪にあり」という原理である。たとえば，産業革命におけるイギリスの場合は植民地からの収奪，アメリカの場合はイギリスからの資金とフロンティアからの資源収奪（とりわけ金，鉄鉱石，石炭，石油）といった具合に，一国の経済を発展軌道に乗せるためには，自らの勤労代価による蓄積以上の原資を荒稼ぎする必要があ

る，というわけだ．

　戦後復興期および高度成長期における日本の場合，冷戦構造下におけるアメリカからの援助や20年ほど続いた固定為替レートと低原油価格などがこの類に入ろう．しかしながら，今日の原始蓄積の手段はこれらとは異質の，むしろ資本主義社会の諸制度を利用した限定的なものになってきている．すなわち，市場における価格決定機構の応用編である．

　国内的には労働，消費財，生産財，原材料，土地，株，サービスなどの間の相対的な価格の変動による付加価値の奪い合いがこの類に属する．例えば土地バブルは土地の非所有者から所有者への所得の移動である．超低金利固定はバブルで損をした金融部門による非金融部門からの利潤の収奪である．

　経済成長という視点からは，一国経済の中での付加価値の奪い合いよりも，国際場裏での争奪戦が重要な意味を持つ．今日最も一般的なそれは投機によるものであろう．近年，国際的に価格が激しく変動しているのは通貨と株と原材料価格であるが，国内の景気はこれと連動している感がある．ケインズは投機社会の怖さを指摘するとともにアメリカ国民の投機性の強さを警告したが，1971年のニクソンショックとその後の変動相場制への移行がアメリカ主導でなされてきたことと，それ以降，為替相場をはじめとしてあらゆる国際市場の投機性が強くなったことには重要な関連があろう．

　市場経済において価格は自らを調整し続ける．価格を動かすのは「期待」であり，これは「過去」の経験をベースに，「未来」に向けて「現在」において形成される．大きな経済変動は大規模な相対価格の調整とも言える．オイルショックはエネルギー価格と工業製品価格との調整，バブル期は土地や株などのストック財価格と消費財や生産財などのフロー財との価格調整であった．

　投機という期待形成もまた相対価格調整の１つの手段である．投機はとりわけ情報の独占によりこれを成功させることができるが，株価や為替相場を投機的に左右できるような情報を持っているのは誰であるかを考えれば，勝者は自ら決まってくる．したがって，わが国の場合，成長の原資という視点からは高度成長期のような幸運に恵まれることはないと思ったほうが，バブル崩壊のようなしっぺ返しを受けるリスクを軽減できるだろう．

「人間は生活において推測を繰り返す。ほとんどは経験に基づいて，ごくたまに理性に基づいて」

5 歯槽膿漏的空洞化(1) —見える技術と見えない技術—

2011年来の円高で国内産業の空洞化論議が再び活発化してきている。しかし，空洞化はバブル以前の日本経済が低成長経済に入ったころから始まっている。しかも，当初から，大企業の海外移転による空洞化だけでなく，ものづくりに必要な加工機能の一部が国内ものづくりの中から跛行(はこう)的に抜け落ちていくという歯槽膿漏的空洞化が進行していた。この問題を考えるためには鋳造，鍛造，熱処理，鍍金，切削，金型，プレス，板金，製缶などの基盤産業技術的な加工機能の特性に対応した熟練形成の本質に目を向ける必要がある。

多くの中小製造業は特定の加工機能に特化して生計を営んでいる。彼らが事業継続ないし成長するためにコア技術を進化させていくには，その加工機能が人間主体であれ，設備主体であれ，何らかのかたちで熟練を形成していかなければならない。そして，この熟練形成に要する時間とコストは，自社が特化した加工機能によって大きな偏差がある。これは加工機能により技術的な特性が異なること，および設備機械の自動化の度合いが異なることによるものが大きい。

生産現場に従事する人たちは技能者，技術者，および操作者の3つに大別される。このうち技術者を「更新可能な知識・経験と設備機械が，通常の身体意識を媒介に直接・間接に対応している人」，技能者を「訓練と経験により形成された身体意識と設備機械が，直接対応している人」，操作者を「通常の身体意識と設備機械が直接対応している人」，熟練を「目的を持った経験の蓄積による身体意識の形成」と仮に定義しておこう。

このような定義を使うと，加工機能ごとにそのコア技術の形成主体が異なることが明確になる。四肢の身体意識に経験を蓄積した技能者と設備により形成される加工機能もあれば，主として頭脳の身体意識に経験を蓄積した技術者と設備により形成されるものもある。また，あまり経験を蓄積しなくて

すむ操作者と設備により形成される加工機能もある。

　大まかに分類すると，基盤産業で言えば，多品種少量生産タイプの，鋳造，鍛造，熱処理，製缶などではそれぞれのウェイトの違いはあろうが，技術者，技能者，操作者，および自動化があまり進んでいない設備によりコア技術が形成される加工機能といえよう。一方，切削は基本的に技能者と設備により形成される加工機能であろう。ここでは設備の自動化がかなり進んでいるものが多い。むろん，複雑な形状のものや金型の加工などの場合は設計技術者も重要となる。また，プレスにおいては主として技術者と操作者および自動化の進んだ設備で加工機能が形成されていると考えられる。

　このような加工機能の形成主体の差異は，その加工機能が設備集約型であるか労働集約型であるかということに大きく依存する。さらに本源的には，その加工機能の依拠する技術が「見える技術」であるか「見えない技術」であるかということが重要な意味を持ってくるのだと思う。

　例えば，切削，金型，プレス，板金，製缶などは，加工作業と加工成果の対応をある程度直接的・即時的に見ることができる。その意味で「見える技術」が主体の加工機能といえる。この場合，設備機械が自動化されているものも多い。

　一方，鋳造，鍛造，熱処理，鍍金などは，化学的操作が主体の，プロセスの状態制御が中心的な技術となり，その加工状況を直接的・即時的に見ることは難しい。この意味において「見えない技術」が主体といえる。この場合，一部のマテハン作業を除くと，設備機械の自動化はあまり進んでいない。

　「見える技術」の場合，加工による加工対象物の変化は「物理変化」的な要素が強いので，作業を行う人間の身体意識を設備機械を介して加工対象物に直接対応させやすい。その場合，作業の難易度により技能者が必要か操作者で済むのかが決まる。この作業の難易度あるいはその特性に大きな変化を与えているのが設備の自動化である。このような「見える技術」が主体の加工機能の場合，技術者（主として設計）や技能者はOJTで加工対象物と直接的に対応することで熟練を形成していく。

　他方，「見えない技術」の場合，加工プロセスにおいて「化学変化」的な要素が強いので，技能者はその身体意識を加工対象物に直接対応させるのに

時間がかかることが多く,何らかの技術知識による推測が重要となることもある。また,OJT以外で技術知識を吸収・適用する訓練を受けた技術者(主として応用化学・応用金属)が重要となる。しかも,彼らは設備機器の操作にも熟練していくことが必要な場合もある。また,化学的操作の実作業には過酷な労働も多く,これを体力のある操作者が分担することが一般的である。このため,熟練を形成する主体およびその手法は多様かつ時間のかかるものが多い。したがって,一般的には「見えない技術」主体の加工機能のほうが,現場に従事する人たちの熟練形成に要する時間は長いようである。

物理変化の度合いの強いものが「見える技術」,化学変化の度合いの強いものが「見えない技術」とみることもできるが,重要なことは加工機能が「見える技術」である場合と「見えない技術」である場合とでは,そこで働く人たちの熟練形成に必要な資質,プロセス,時間などが大きく異なるということである。このことが一国の経済成長に対応した加工機能の進化の跛行性となって現れ,これが次に述べる歯槽膿漏的空洞化を引き起こすことになるのである。

6 歯槽膿漏的空洞化(2)
―変わる生産システムの構図における生業―

わが国のものづくりに関わる多くの中小企業は,特定の加工機能に特化してそのコア技術を進化させることに自らの存立要件を見出してきた。このことは一方でわが国全体の生産システムを極めて効率的なものにしたが,他方で中小企業の発展の道筋をコア技術主体の発展というかなり制約的なものにした。このコア技術の特性は,先に述べたように,加工機能により多様である。したがって,発展のテンポには本源的に加工機能間でかなりの偏差がある。一方で,一定の空間の中で,すべての加工機能が揃ってはじめて,一群の大手親企業と下請企業からなる全体の生産システムも個々の加工機能も成り立つ。

このような生産システムはとりわけ経済全体が量産効果を追求する時代においては,極めて効率的であった。経済全体の量的拡大テンポが急な間はそ

れぞれの加工機能の特性の相違は潜在化していた。しかし，わが国経済の拡大テンポが緩慢になり，漸次縮小の方向に進み，一方でエレクトロニクス技術や通信技術の進歩を反映した生産技術革新が進展する中で，各加工機能の特性の違いが顕在化し，モノの生産に不可欠な加工機能全体の「一様な」発展が難しくなってきた。すべての加工機能が平均して一様に発展する時代から，大きな偏差をもって成長する時代になった。その中で，とりわけ過酷な作業を伴いながら時間をかけて熟練を形成していくことが要求される加工機能において，人材の確保，経営の活性化，独立創業などが困難になってきた。

ここにものづくりに不可欠の加工機能が少しずつこの生産システムの中から抜け落ちていくという歯槽膿漏的な空洞化が1980年代頃から始まったのである。いくつかの加工機能に関しては大企業においてもその知識とノウハウが失われ，実際の生産を担う中小企業においてもその発展的維持と新規開業が困難となってきた。

このように，歯槽膿漏的空洞化は，下請企業においては加工機能そのものの衰退，親企業においては加工機能のノウハウの喪失，という事態をもたらす。私の実感では親企業の側におけるノウハウ喪失のほうが早く始まっているように思う。

今日，国内の大手家電メーカーの苦境が言われているが，彼らは量産の時代の高度成長期からコスト削減競争の先陣を切ってきた。その中でものづくりに不可欠の鋳造，鍛造，切削，研磨，金型，プレス，板金，鍍金，熱処理，塗装などの基盤技術的な加工機能を外部化し，下請としてこれを行う中小企業に対してさまざまなコスト削減圧力をかけてきた。正当な理由のあるコスト削減圧力であれば意味のある生産性向上につながるが，不当な下請代金支払いにつながる圧力はこれらの加工機能の弱体化を促進してきた。その結果，大企業自身がこれらの加工機能に対するノウハウさえもなくし，重要な付加価値源を失ってしまったのではないかと思う。歯槽膿漏的空洞化を加速化させた一因はコスト削減競争に狂奔し，苦労して熟練を身につけた人々に正当な対価を支払わない，という大手親企業の経営姿勢に求められよう。その結果が彼ら自身の競争力を弱めることにつながったのではないか。

こう考えると，今日，中小企業の側が何とか頑張って基盤技術的な加工機

能を保持することの意味が見えてくるとともに，少し楽観的かもしれないが，ここに下請企業のビジネスチャンスがあるのではないかとも思う。すなわち，自社が特化した加工機能をさらに強化して，これを親企業に対して一層ブラックボックス化させることが，少しでも価格決定権を下請が取り戻すことにつながるのではないだろうか。とりわけ，鋳造，鍛造，熱処理，鍍金などにおいて優れた加工機能を有する中小企業はこの方向に展開する可能性を持っていると思う。

歯槽膿漏型空洞化の中で中小企業が生き残る道筋のもう１つは，言い古されたことかもしれないが，自社のコア技術を生かした製品開発であろう。これだけで企業経営を維持していくことは難しいが，コア技術の維持と進化のためにはものをつくる現場がなければならないのだから，自ら仕事を創り出して，自社の加工機能を維持発展させていくことに意味があると思う。むろん製品開発にはニーズの発掘と製品デザインの機能が不可欠だ。ニーズの発掘に関しては他力本願ではなく自力更生の道を選択するしかない。自分および経営スタッフたちが必死で知恵を絞るしかない。その際，通常のBtoCだけにこだわらずに，従来の取引先や企業，あるいは地域社会などをターゲットにニーズを探るべきだろう。そして，製品デザイン機能や最終製品の製造に関しては企業連携の発想を取り入れる必要がある。このような自社製品開発がいざというときの身を守ることにもつながることもあるのだ。

私は2012年５月に釜石市に出かけた。前年に訪れていた石村工業を再訪問するためだ。同社の工場は震災で建物の中は大きく破壊され，中の設備も製造中の製品も製品の設計図が入っているパソコンも皆津波に呑み込まれてしまった。このときの壊滅的な工場の画像を見て「彼のものづくりのコアとなったものは彼の身心に確実に保持されていると確信している。ゼロからの出発になるとは思うが，長年続けてきたものづくりの中で自分の身体化したものを信じて頑張ってほしい」と原稿に書いた。

震災から２カ月経ったとき，日経新聞に彼の奮闘ぶりを伝える記事が載った。彼が開発したワカメの塩漬けのための加工機を愛用していた宮古の漁師が同社を訪れて言った「加工機が津波で流されてしまった。ワカメ漁を再開するのにあんたのとこの加工機がないと困る」との言葉に彼の心が震えたと

いう。幸い18人の従業員も皆無事で，がれきや泥で埋まった工場を片付けに駆けつけてくれた。パソコンに入れてあった設計図データは失われたが設計図は社員の頭の中に全部入っている，コアとなる製缶板金の技能は社員たちの身体に染み込んでいる。社長は金融機関に巨額の借金をして，震災直前に新しくした設備をもう一度購入した。記事はここで終わっている。

その後，電話では順調な回復ぶりを伺ってはいたが，今回それを確認しに出かけた。市内の仮設飲食店街で石村さんと昼食をとった後，海岸沿いにある彼の工場に行った。工場も二階建ての事務所もまだ応急修理をしたままの状態で，壊れた窓枠や壁には樹脂の板が貼り付けられていた。事務所の外側の壁は波をうっていて，外から見ると建物全体も少し傾いているようだ。

秋に本格的修復をするらしいが，工場の中には活気があった。人も2人ほど増やした。海水に浸かった部品の錆落としをしたり，溶接をしたりする社員たちの中には若者もいる。同社の生産面におけるコア技術は溶接だが，これに関しては昔から一貫して丁寧な人材育成を行っており，若手の技能も確かだ。活気の要因は震災後，ワカメ加工機とストーブ（木質ペレットや薪を使ったもの）の注文が増えたことにあるようだ。ワカメ加工機のユーザーである三陸の漁業の人たちも同社と同様に津波で加工機を流されたり壊されたりしてしまった。一方で，ワカメは1年で収穫でき，去年は収穫高も上がったので加工機の注文が増加した。ストーブも震災直後の停電や灯油不足の中で評価が高まり，昨冬も需要が増えた。下請仕事と自社製品の正確な売上比率はわからないが，地域社会に生きるBtoC（Community）タイプの自社製品の存在が現場の活気をもたらし，コア技術の維持発展にもつながっていることは間違いないだろう。

訪問の翌日，彼からメールが来た。

「昨日はありがとうございました。久しぶりにお会いできてとっても嬉しかったです。私の人生の中で被災後の今が一番充実しているような気がしています。一度死んだ（会社をつぶした）気になって，怖いものがなくなって腹がすわったからでしょうか。地域の復興のためにも会社の発展に余生を捧げ，人材育成に努めます。中小企業の親父もいいもんですね。今後ともよろしくお願いいたします。石村眞一」。

生業の生きざまはまさにここに集約されている。

(鵜飼信一)

❖初出一覧
第1節…中小企業随想録（8），2001年6月24日（鵜飼信一［1999］「工場に思想あり」『中小公庫マンスリー』1999年7月号を大幅に加筆）
第2節…中小企業随想録（28），2003年3月28日
第3節…中小企業随想録（38），2004年1月29日
第4節…中小企業随想録（41），2004年4月28日
第5節…中小企業随想録（138），2012年5月30日
第6節…中小企業随想録（139），2012年6月29日

❖参考文献
第5節…森嶋通夫［1994］『思想としての近代経済学』岩波書店．
第6節…鵜飼信一［1994］『現代日本の製造業—変わる生産システムの構図』新評論．

コラム3

とある地方の産業振興の現場から

中小企業支援とネットワーク

　この世には「一目惚れ」という言葉が存在する。一目見ただけで特定の相手に対して恋してしまう，夢中になるといった体験でロマンチックな話であるが，現実にも別な形でしばしば発生している。それは「人との出会いは本当にご縁だと思う」，「会うべくして会ったような，見えない糸を感じる」，「縁を手繰り寄せるのは自分の行動次第でもある」というような経験である。

　中小企業経営者の人脈は一般の方のそれよりも広範である。文字通り全国にネットワークが張り巡らされ，ビジネスに活かされている例も当然多いが，実はビジネスの外に位置する人脈のほうが圧倒的に多いようだ。東日本大震災から，日立地域の中小工場が復興する際に，当地の若手経営者グループ「ひたち立志塾」のメンバーが有する全国の中小企業との人脈に助けられたことは，震災から7年を経過する今でさえ鮮明な記憶として蘇る。宅配便すら届かない大混乱の中，震災発生から1週間も経たずに延岡，高岡，茅ヶ崎，八王子，墨田などから「精密水準器」30セットあまりが届けられ，震度6強の揺れで動いてしまった工作機械の再設置，再設定に大活躍した。これは取引先からではなく，若手経営者のつながりにより届けられたもので，そこにはビジネスは存在していなかった。そこに存在していたのは「共感」であり「共助」の心であったように思う。

　人脈という言葉は，おそらく「山脈」や「鉱脈」という言葉から派生したもので，主義や主張，利害関係から発生した人とのつながりを意味する言葉だとすれば，「人脈＝ネットワーク」と置き換えることもできる。震災復興に寄与した人脈は，決して長い時間をかけて構築されたものではなく，塾の世話人として彼らと行動を共にする機会の多い私が見ている限り，

おそらく1回，2回と会っただけででき上がったものである。少ない遭遇時間の中，彼らは何らかの尺度やフィルターのようなものを通して，「必要な人間」を瞬時に判断したように思え，かく言う私も同じ行動をしていたのである。

このときに行った作業はこうだ。①フィルターは複数用意する。②直感を信じる。③つながりたいと感じたら，その方のためのフィルターを作る。実はこの考察には裏話がある。15年ほど前，私は早稲田大学の鵜飼教授から株式会社マテリアルの社長を紹介された。あの「下町ボブスレー」の細貝社長だ。先生は私に「お前と同じ匂いのするヤツを紹介するよ」と笑顔で言い放ち，彼を引き合わせてくれた。彼に会って，思わず笑ってしまったのだが，「本当に同じ匂い」を感じたのである。

こうした感覚は，実は先に挙げた3つのフィルター透過を瞬時に行って得られるものである。いわゆる「直感」であり，「直接的かつ即時的な認識の形式」を「直感」とするのであれば，そこにはしがらみや既成概念を挟む時間的な余裕は存在せず，いわゆる「同じ匂い」という感覚がすべてを優越する。震災復興で活躍した全国の若手中小企業経営者は，総じて「同じ匂い」を感じる嗅覚が鋭く，もしかすると中小企業経営者の多くがそうした資質を有しているのではないだろうか。

中小企業と産業支援機関

私は地方公務員として産業振興を担当する部署に身を置き，中小企業を振興することで地域活性化を図ろうと27年間，試行錯誤を続けているが，そもそも「中小企業とは何か」と考えることがある。親しい若手経営者を観察し，次のような定義を導いた。「中小企業とは，株主であり代表者である個人が牽引し，社員を家族のように大切にしながら，生業で生き抜く企業をいう」。ポイントは3つで，「①代表者は株主である。②サラリーマン社長ではない。③社員は家族同然である。」ということになる。

当然だが，会社の経営はいつも順風とは限らない。苦しいときにも人員整理をせず，少ない仕事をシェアし，全員が短時間勤務で給料を減らしながらも，経営者は解雇せずに乗り切ろうとする。そんな工場をたくさん見

てきた。町工場の組織はモノを作り出す「直接部門」と，総務，人事，経理などの「間接部門」に大別される。利益を生むのは直接部門で，間接部門は必要最小限にとどめ利益を圧迫しないようにするのだが，現実にはそんな簡単な話ではなく，品質管理や品質保証，営業や開発，設計や広報など，中小企業といえども大手企業同様の多様な活動が求められているのである。

現場の作業者教育ならまだしも営業や開発など，これまで存在しなかった部門を設け，担当者を採用し教育するとなったらどうしていいかわからないのが町工場の現実だ。中小企業の経営資源が大手企業と比較して圧倒的に弱いのは人的リソースである。不足したリソースは外部資源で補完する必要があり，それを円滑かつ効果的に実施できるよう連携先となる企業や大学などとの間に立つことに，産業振興を担当する人間は汗を流さなければならない。

昭和38（1963）年に「中小企業基本法」が制定され，「中小企業は弱者であり，集団化することで成長を目指す」といった考えに立ち，高度経済成長時代には工場の集団化や同業組合の振興などが国により展開されてきた。しかしバブル経済が崩壊し低成長の時代になると，護送船団方式は改められ，各企業の独自の取組を支援し，企業間，国家間の競争を促すような施策が展開されるようになった。近年，個別企業への補助金が一般的になったのは，そうした方針変更が法改正に反映された平成11（1999）年の中小企業基本法改正が契機である。加えて中小企業の9割を占める「小規模企業」の活性化が不可欠だと，平成25（2013）年の法改正では「小規模企業こそが地域経済の安定と社会の発展に寄与する存在である。」という基本理念が位置づけられ，商工会議所や商工会を触媒とする小規模支援策が動き出した。

このことは中小企業振興担当者にとっては歓迎すべきことであるが，それだけ中小企業を取り巻く経営情勢が厳しいということでもあり，われわれは改めて産業振興の社会的な重要性に目を向けなければならない。

私は常々「産業振興」の主役は企業であり，産業支援機関は黒子に徹するべきと話している。いかに企業にスポットライトを当ててもらうかを考

え行動すべきであり，主役になろうとか，手柄を挙げたがるような人間は「産業振興」には不向きだと思っている。産業支援機関の本質は，どれだけやっかいなことを企業に代わってできるかだ。補助金の申請書は産業支援機関が書いてあげていい。大切なのは代書できるレベルにまで，その企業の本質を理解することであり，この域に達するには相当の時間を要するということである。産業振興とはそうした時間消費を必要とする仕事であり，この消費時間の量と質が，企業との信頼関係の構築や密着度に比例する以上，時間をかけて産業振興を担当する人材を育てていかなければならないと私は信じて疑わない。それが産業振興，企業支援とともに横たわる私の使命でもある。

中小企業と地域社会

　今や中小企業の事業フィールドは日本国内にとどまらず世界中に拡大し，本市の中小企業でも海外に事業領域を求めるところは少なくないが，地方都市の中小企業の多くはホームタウンである地方に本社を置き，そこを拠点に多様な事業を展開しているのが興味深い。

　日立市は日本でも有数の企業城下町として知られ，400件余の製造事業所が年に1兆2千億円の製造品出荷額をたたき出す。その源泉は100年を超えるものづくりの歴史と技術・技能の蓄積であることは言うまでもない。事業所はピークから4割，出荷額は4千億円減少したが，そのことが逆に存立する町工場の仕事量を増加させており，まだまだは枯れてはいない。町工場はさまざまな要素技術を駆使し日本のものづくりを支える一方で，従業員を家族のように大切にし，地域の大切な雇用の場を生み出す。こうした町工場の集積があるからこそ本市には18万人の市民が生活する。「町工場の繁栄なくして地域振興などあり得ない」を私の持論とする所以だ。

　町工場経営者の多くは日立市民であり，故郷を大切に思う経営者と，地域の活性化を何とか実現したいと躍動する若手経営者，産業支援機関等の人間の想いがシンクロしたときに，新しい動きや流れが生じるだろう。企業に寄り添うと口にするのはたやすいが，実行は困難なことも多い。会社経営の経験もなく，物を売った経験もない，作ったこともない行政マンが

企業の本質を理解するには相当の時間と勉強，経験が必要だ。経営や技術に強く，さまざまなトレンドをつかみ，首長に対して企業の声を代弁し，国県にも新たな施策を提案できる。そして何よりも企業とともに悩み歩める人材。そんなスーパーマンを目指す若い人材を育てる仕組づくりも，産業振興の課題の1つではないだろうか。間違いないことは，企業側ではそうした人材がひとりでも多く現れることを望んでいるのである。

（小山　修）

第Ⅱ部

現場から考える中小企業ビジネス

第4章
生業視点のマーケティング戦略

1　前提条件としてのマーケティング発想

(1)「マーケティング」を自分事として捉えているか

　中小企業の関係者（経営者，従業員，およびその支援に携わる者）の中には，マーケティングを自分事として捉えていない人々が少なからず存在する。その理由は，「うちのような規模の企業には，マーケティングの部署はないから」や，「マーケティングは拡大成長していく，ベンチャー企業や大企業がやるものでしょう」といった誤解から，「聞いたことはあるけれど，横文字でよくわからない」といった根本的な敬遠まで，さまざまである。とりわけ，卸売業や，最終製品の製造や自社ブランドの展開を行っていない製造業（部品製造・加工に携わる企業等）には，こうした誤解や敬遠が蔓延している実態をしばしば目の当たりにする。比較的に，小売業や，自社ブランドを展開する製造業は，マーケティングを自分事として認識しやすい。

　しかし，マーケティングと名のつく部署があるかどうか（あるいは，自らが部署に所属しているかどうか）にかかわらず，必ずしも拡大成長ではなく存続を目標とする企業においても，そして業種の偏りなく，すべての経営者と従業員，および支援者は，マーケティング発想を持つことが肝要である。他社の後追いでも利益を得られていた，古き良き（ある意味で，悪しき）時代がもう戻ってこない，ほぼすべての業界にとってマーケティング発想の浸透は急務である。なぜなら，かつてのように待っているだけでは，確実に衰退の道をたどっていくからだ。主体的に，「相手は何を求めているのか」

(ニーズ),「相手はどうすれば喜んでくれるのか」(顧客志向),そして「ライバルとどのような違いを創ればいいのか」(差別化)を考え続け,選択と実行を繰り返していかなければならない。

　ただし,マーケティングという単語やマーケティング・ツールの暗記,うわべだけの当てはめ,といった行為だけでは意味がない。例えば,社内会議のために形式的なマーケティング・ツールの利用が一定の効果を発揮する場面もあるかもしれない。横文字を使いこなし,口八丁を鍛えることも,業界と場面によっては必要だろう。しかし,目の前のビジネスで成果を上げることが企業の命運を左右する,ひいては自身や家族の生活を決定づけるような「生業」として日々を働く人々にとっては,うわべだけでは意味がない。真の意味でのマーケティング発想を,自身の思考に根づかせて初めて意味がある。本章では,生業のために有効となる「生業視点のマーケティング戦略」について,論を進めていこう。

(2)概念の共通理解

　そもそも「マーケティング」という概念について,経営者や社員全員が共通認識を持てている企業は皆無に等しいだろう。なぜなら,示す内容が多義的で,流動的だからである。「いかに欧米で流行していて,日本の市場でもヒットしそうなものを見つけるか」という市場調査や,「いかに効果的かつ効率的に提案営業するか」という営業戦略,「いかにキャッチーで記憶に残り,魅力を発信する広告を展開するか」という広告・販売促進,あるいは「いかに違い,新しさ,価値のある新製品を継続的に短サイクルで生み出すか」という製品開発,これらすべてはマーケティングに含まれる。いずれも,マーケティングという概念の中にある一要素である。便利な言葉である反面,経営や経済と違い「Marketing」を指し示す日本語が存在していないことが,認識の難しさを如実に表している。

　マーケティングという概念の定義も,数多く存在してしまっている。広義の定義としては,「顧客,依頼人,パートナー,社会全体にとって価値のある提供物を創造・伝達・配達・交換するための活動であり,一連の制度,そしてプロセス」(アメリカ・マーケティング協会)[1]がある。より咀嚼した

定義には,「顧客が求める価値を創造し,顧客と強固な関係を築き,その見返りとして顧客から価値を得るプロセス」(コトラーなど［2014］p.6) や「ニーズに応えて利益を上げること」(コトラー・ケラー［2014］p.6) といったものがあげられる。

　上述の定義からは,「ニーズ」,「価値」,「関係」の3つをキーワードとして抜き出せる。それぞれ,ニーズの探索・発見・創出,価値の創造・伝達,関係の構築・深化と言葉を補うと理解しやすいだろう。この3つのキーワードを意識したうえで,マーケティングの本質とは「いかに説得するか」という「説得の実現」にあることを共通理解としたい。買い手が望むものであり,対価を支払うだけの価値があると説得するための仕組みづくりである。売り手(作り手)自身がどれだけ価値の高いものだと信じていても,それを説得力のある手段で買い手にうまく伝えて納得させられなければ,取引は成立しない。また,買い手が望んでいないような,独りよがりな価値(だと自身が錯覚しているもの)ならば,やはり取引は成立しない。製品やサービス,ビジネスとして説得力のある価値を創り出し,演出し,対価に見合うと相手を説得する。説得力のあるプロダクトを生み出せれば,それを説明して納得させるプロセスは容易になるし,反対に,説得力の弱いプロダクトならば,巧みなプロセスの構築と実行が重要となる。そうした説得のプロセスに役立つ戦略と発想が,マーケティングである。

(3) アートをサイエンスで補完する

　「製品化するか否か」,「ターゲット層をどこに定めるか」,「いかにターゲット層へ情報発信するか」,そして「そのためにどれだけのヒトとカネを投入するか」。こうした,ビジネスにおける意思決定の各場面には,サイエンスとアートが求められる。左脳と右脳,と言われることもあるが,前者はデータ,後者は直感を意味する。定量的あるいは定性的なデータに基づいたサイエンスによる意思決定と,経験やノウハウ,直感に基づいたアートによる意思決定,あるいはその両者を組み合わせた意思決定が行われる。近年の「見える化」,デジタル化,IoT,そしてビッグデータの活用の進展は,データに基づくサイエンスの重要性を推し進める潮流をつくり出している。

たとえば，資生堂では「データによってさまざまな事柄が可視化された現在，あらゆる部門で，まずはデータを見てみることから始めている。今後は，データがあらゆる事業のプランニングの中心になってくるのではないかと感じている」[2)]とサイエンス重視の姿勢を宣言している。個が持つ経験やノウハウ，直感によるアートの意思決定の領域を，データに基づくサイエンスで解き明かし，一般化して，他者，他社，他業界にまで役立つ知を構築する。これはマーケティングの役割の1つである。

　どれほど優れたビジネスマンも，いつかは役目を終える。加齢，病，転職，引き抜き，とさまざまだが，1人の優秀な人材に頼り切った企業経営では，いつかは限界を迎える。そうならないためには，個の優れた能力を分析・学習して組織の能力とする。言い換えれば，アートの領域をサイエンスで補完する取り組みが不可欠となる。

　特に中小企業では，特定の個のアートが，ビジネス，ひいては企業経営全体を左右しやすい。そして，アートに偏った意思決定に対して疑問を抱きにくい。しかし，特定の個が不在となった途端に，企業としての競争力が半減してしまうようでは，生業としての危機管理を怠っていると言われても仕方がない。大企業は組織で動き，中小企業は個が動く。中小企業だからこそ個を活躍させる，という強みに対して異論はないが，だからといって個の「俺流」だけではいけない。1つの「俺流」が失われたときに中小企業の受けるダメージは，大企業の比ではなく，自らを瀕死に追いやりかねない。アートを磨きつつも，アートを補完するサイエンスの発想も取り込む必要がある。この意味でも，中小企業はマーケティング発想を軽視すべきではない。

(4) マーケティング発想の誤解

　マーケティングに馴染みのない人々ほど，マーケティングに対して幻想を抱きやすい。彼らは，外部のマーケティングの専門家に聞けば，すぐに解決案を示してくれるかのように（あるいは，それができない専門家は意味がないかのように）誤解している。しかし，マーケティングは誰が使っても，容易にいつでも，必ず正解を導いてくれる「魔法の道具」ではない。そうした，ある種の現実逃避のような誤解は捨てるべきである。マーケティングとは，

状況（自社の現状や市場環境，競争環境）を整理・分析し，解決策（アイデア，製品，サービス，ビジネスモデル）を創出するために役立ち，他者（社内外，顧客）への伝達・説明・説得に有効となるような，ツールと発想である。当事者が主体的に，自分事として，必死に脳に汗をかいて考え続ける行為が，マーケティングの効果発揮には不可欠である。

4P／4CやSWOTといった基本的なマーケティング・ツールの活用から，起死回生の一手を導き出せる場合もあれば，何も見出せない場合もある。形式的な実行が解決を約束してくれるものではなく，物事に対してどのようなマーケティング発想ができるか，マーケティング・ツールの利用から何を見出せるかは，ヒト次第である。旗を商材とするある問屋は，トップの交代のタイミングで，経営者と従業員が一緒になって，自社事業のSWOT分析を徹底的に行い，自社の強みを際立たせるための選択と集中を考え尽くし，その後のV字回復を実現させた。

自らの頭で考え，自分事として課題を設定し，解決案を創る。事態の裏を読み，仕組みを推測し，答えを創りあげる。顧客やビジネスについて，因果の連鎖を予測し，構築する。「売りたい」，「広めたい」，「儲けたい」，「成長させたい」。そのためにはどの土俵で，どのような競争ルールで，いかなる勝ち方が可能なのか。そして，自ら（自身あるいは自社）はどんな違いを創れるのかについて，調べ，考え，実行する。

マーケティング発想が浸透した理想的な状態とは，「マーケティング的には」といちいち意識せずに，無意識に上記のような思考を常に行える状態である。つまり，たとえ「わが社にマーケティング部はありません」という中小企業であっても，「だから，マーケティングは縁遠いものです」ではなく，「なぜなら，製造も営業も，全員がマーケティング発想を持っていますから。部署を設ける必要はありません」と言葉を続けられる姿が理想的である。

2　革新を導くためのマーケティング

(1) イノベーションの誤解

　マーケティング同様，あるいはマーケティング以上に，実態の共通理解が進んでいない概念がイノベーションである。イノベーションを「技術革新」と認識してしまうことが大きな誤解のもとで，「自社には関係のない話」，「そう簡単には生み出せないもの」と敬遠されがちである。しかし，企業が存続していくためにも，成長していくためにも，自らを革新させ続けることは必須条件である。社会環境が変化し，その中で暮らす消費者も変化していく中で，つまり競争ルールも顧客も変化を続ける中にあって，自らが変化を拒めば，それは衰退を導く。新しく，価値のある変化を自ら生み出し続ける企業が，生き残り続ける。

　イノベーションにもいくつかの定義があるが，マーケティングの文脈においては「新しいと知覚される財，サービス，アイデア」（コトラー・ケラー［2014］p.822），経営学においては「New Combinations」（シュンペーター (Schumpeter, J. A.)［1934］p.66）や「社会に価値をもたらす革新」（青島［2001］p.3）と説明される。これらの定義は，イノベーションにまつわる5つの誤解を解消してくれる。

　まず，0から1を生み出すような新技術や新素材，新製品・サービスの発明だけがイノベーションになるのではない。もしそうであれば，イノベーションの創出には膨大な時間とコストと運が必要になり，イノベーションは極めて稀になってしまう。すでに存在する知識や資源，設備をこれまでとは異なる新しい方法で組み合わせ，価値を生み出すことができれば，それはイノベーションである。新結合によって生み出される革新は，イノベーションである。

　次に，新しい技術やアイデア，製品，サービスを生み出せば自動的にイノベーションになるわけではない。顧客や社会に広く普及し，認識されて初めてイノベーションとなる。「これはイノベーションだ」と独りよがりに声高

に叫んだところで，その存在と価値を誰も受け入れなければ，価値ある革新とはならない。

　売れていれば，あるいはより良いものであれば，それが必ずイノベーションであるとは限らない。色や味，デザインといった表面的な部分を少し変えただけの新商品は，たとえヒットしたとしてもイノベーションとは呼ばれない，「差別化」である。ヒットに加えて，明らかに従来とは異なっていて新しい，という消費者の認識が必要となる。

　また，イノベーションと聞くとどうしても新技術で誕生した画期的な新製品を想像しがちだが，イノベーションは技術的な意味に限った概念ではない。カラオケというサービス，コンビニエンスストアという業態，そしてトヨタ生産方式という生産管理システムも，イノベーションである。

　そして，イノベーションには大きなものから小さなものまである。イノベーションは，画期的な製品や，企業の経営を変えるような大事業，組織構造の大改革，だけではない。たとえば，良品計画の「くらしの良品研究所」から，顧客の声に応じて生み出されるユーザー・イノベーションの新商品の数々は，小さく些細な，しかし新しいイノベーションである。

(2)マーケティングとイノベーションの関係

　新しい技術，アイデア，デザイン，機能，サービス，あるいはビジネスモデルといった「新しい何か」が価値として認められ，普及して社会に（大小問わず）価値を行き届かせることで，イノベーションとなる。つまり，「新しい何か」を価値として，対価を請求できるビジネスとして普及させることが実現できて初めて，「新しい何か」はイノベーションと認知される。この，価値を説得して回り，ビジネスとして普及させる仕組みを作ることも，マーケティングの役割の1つである。「新しい何か」は，マーケティングによってイノベーションとなる（図表4-1）。

　イノベーションの創出は，企業にとって最重要課題と言っても過言ではない。しかし，日本企業からイノベーションが生まれにくくなったと言われるようになって久しい。その要因は2つある。1つは，短期的な利益追求のあまりに，新しい何かの探索を怠っている現状だ。収穫を焦るあまりに種蒔き

第4章　生業視点のマーケティング戦略　71

図表4-1 ❖ マーケティングとイノベーションの関係

出所：筆者作成。

を怠り，次の収穫物に困り，さらに種蒔きの余裕がなくなる，という悪循環である。もう1つは，新しい何かをビジネスとして普及させるためのマーケティングを，十分に機能させられていない実態だ。もちろん「made in Japan」と誇った技術力のすべてがコモディティ化したとは言わないが，技術力だけで差別化できる市場環境が激減したことは明らかである。また，「made in Japan」が高品質高付加価値ではなく，過剰品質として受け取られるケースが多い事実は，価値創造の方向性や説得プロセスにおけるマーケティングの失敗として，目をそらさずに受け止めなければならない。

　多くの日本企業は，自社だけが持つ技術やノウハウによって生み出すクローズド・イノベーションで一時代を築いた。自前主義に基づく自社単独のイノベーションは，人材が流出しない限り，技術やノウハウのブラックボックスを守ることができ，ライバル企業による模倣を防ぐことができたからだ。クローズド・イノベーションは「日本のお家芸」としてかつての栄光を支えた立役者だが，近年では，外部と手を組み，イノベーションを早く安く生み出すオープン・イノベーションの重要性が高まっている。

　顧客ニーズの多様化，市場の競争環境の激化，製品ライフサイクルの短命化，そしてグローバル競争の本格化が進み，企業に「次のイノベーション」が求められるスピードはかつてなく早まっている。そうしたなかで，自社単独で開発を行っていくだけでは，もはや競争優位を獲得し続けることは困難になり，多くの企業が「いかに外部と連携しつつ開発を行うか」，「いかに外

部から獲得しつつ開発を行うか」というアプローチに軸足を移してきている。つまり，自社の持つ資源に固執するクローズドな開発から，ライバル企業やサプライヤー，消費者，自治体，研究機関等と提携し，オープンな場での新製品開発へ，開発体制を移行させる企業が増えてきている。

(3) 革新の継続

　1つのイノベーションを生み出す難しさだけでなく，継続的にイノベーションを生み出す難しさにも，企業は向き合う必要がある。イノベーションもいつかは後続に飲みこまれ，あるいは顧客に飽きられ，陳腐化する。イノベーションの陳腐化と共に企業が倒れないためには，次のイノベーションの種を蒔いておき，続々と芽吹かせていかなければならない。

　イノベーションの創出を持続させるためには，現在の主力事業・イノベーションを深堀しつつ，次の事業・イノベーションを探索する，という2つの活動への注力をバランスよく行うことが求められる。後者への注力のために，経営者と従業員がそれぞれに意識すべきは，「場づくり」である。

　社内外に「場」を設けることの重要性は，多くの経営者が指摘している。テルモでは，イノベーション創出のために従業員同士が徹底的に議論する機会を設けており，所属やバックグラウンドの異なる異色の4人を集める場をつくっている[3]。同社では，コモディティ化の進んだ製品ジャンルであっても，新たに高い付加価値を創出することで差別化された製品「プレミアムコモディティ」を生み出せると考えている。改善・改良をやり尽くしたと思われる製品に対して，新たな価値を付加するブレークスルーを導くために重要となるのは，「白紙でコンセプトを考え直す」癖をつけることだという。また，顧客が何を考えているかを把握するために，顧客に対するインタビューの質を高めることを重要視しており，「全く違う視点で取り組む」，「諦めない」，「学ぼうとする」という3つの姿勢を持っている。

　前川製作所では，定期的に「合宿」を行い，ビジネスや未来について従業員同士が語り合う場を設けている[4]。その際，3：2や4：1といった多数決ではなく，5：0で皆が腹に落ちるまで，とことん議論を行う。その議論を通じて，企業として脱皮を重ねて，成長を続けていくことができると考え

ている。

　社内で，経営者と従業員，あるいは他部署の従業員同士が徹底的に議論できる場を設けることで，社内の既存資源の新活用・新結合の可能性を探し，次のイノベーションの種を発見する活動は重要である。同時に，社外で，同業他社や他業種と交流する場を設けることで，新鮮な刺激を受ける活動も効果的である。社内の場が濃密な交流の機会だとすれば，社外の場は希薄な交流の機会である。しかし，この薄くて広い結びつきこそが，イノベーションに有効となる。

　「The strength of weak ties（弱い結びつきの強さ）」[5]がイノベーションに有効であることは，1970年代から繰り返し指摘されている。産官学を含め，社外との多様な交流の機会は，即効性の観点からは軽視されがちだが，種蒔きの観点からは極めて重要である。一見，無駄と思えるようなネットワークが，実は次の革新を導く。社外，専門外だからこそ気づける点や疑問に感じる点があるだろうし，気兼ねなく夢を語り合うこともできるだろう。それこそ，経営者同士，企業の異なる従業員同士のプライベートな飲み会でも，刺激と気づきを与え合うために，実は大きな意義がある。

(4)イノベーターの必要条件

　自らが，新しい何かを発見して価値を創り出すイノベーターとなるために，あるいは経営者視点に立てば，従業員をイノベーターに育成するためには，イノベーターDNA[6]の育成が重要となる。3,500人以上の起業家と新製品開発担当者への調査から，イノベーターDNAとして5つの発見力が指摘されている（図表4-2）。重要なのは，このDNAが先天的なものではなく，後天的に育成可能だということだ。

　まず，関連づける力がある。これはバラバラの疑問や問題意識，アイデアを結びつける力で，イノベーターDNAの基盤となる。この力があることで，他の4つの力が育まれる。次に，質問力がある。常識を疑い，当たり前とされている物事を鵜呑みにせずに疑問を抱く能力である。「なぜ」や「もしも」といった問いかけで前提を崩す思考法が重要となる。3つ目は，観察力である。人とモノを注意深く観察する癖をつけ，自らの目で繰り返し観察するこ

図表4-2 ❖ イノベーターDNAを構成する力

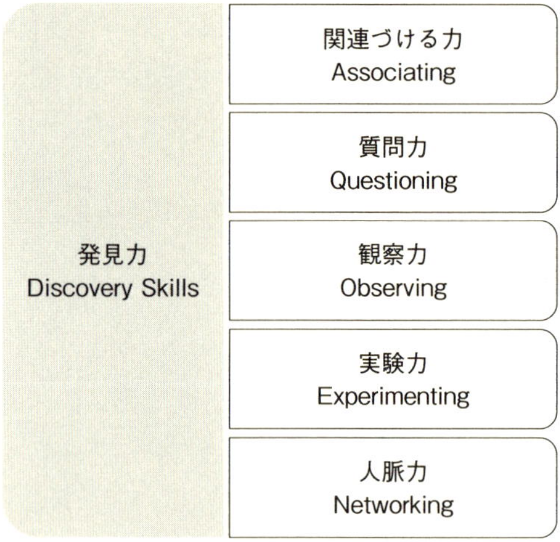

発見力
Discovery Skills

- 関連づける力 Associating
- 質問力 Questioning
- 観察力 Observing
- 実験力 Experimenting
- 人脈力 Networking

出所：ダイアーほか［2016］をもとに筆者作成。

とで発見につなげていく。4つ目は，実験力である。思い立ったら試しに動いてみる力，と言い換えられる。失敗を恐れずにまずはチャレンジし，行動してみたり，試作品を作ってみたりすることがイノベーターとしての1歩目となる。そして5つ目が，人脈力である。1人の孤高の天才は，アイデアを思いつくことはできても，それをビジネスとして広く普及させることはできない。「コネ」というと聞こえが悪いかもしれないが，「コネクション」を広げていき，多種多様なネットワークを刺激・発見・獲得・拡大のために活用する力は，イノベーターにとって不可欠のものである。関連づける力，質問力，観察力，実験力，人脈力という5つの発見力を養うことで，イノベーターDNAが形成され，優れたイノベーターが育つ。

また，「新しい何か」を発見するために役立つマーケティング発想として，以下の2つを紹介しよう。1つは，意識的に常識の壁を取り払う発想だ[7]。この発想は，市場や業界，自社の常識から抜け出すために有効である。「仕方ない」と顧客があきらめているものや，社内であきらめているものをあきらめない。社内や業界で当然のこととして受け止められている「思い込み」を否定する。顧客や自社が，課題として認識しながらも「我慢」するものだと受け入れてきた課題を解決する。暗黙のうちに「無理」だ，理想論だと選

択肢から外してきたことに挑戦する。疑いを持たなかった「ルーティン」を批判してみる。日々の業務の中で無意識に当然視してきたこれらの「常識」を意識して疑う発想が,「新しい何か」へのヒントをくれる。

　もう1つは,ラテラルシンキング[8]だ。あえてロジックから外れた,非論理的な思考で新しい何かを探索する発想である。製品・サービス・ビジネスモデルの一部を別の何かで「代用」できないか。弱みを強みにしたり,役割を逆にしたり,上下左右を逆にしたり,といった「逆転」の発想はできないか。既存の特徴をさらに「強調」してみてはどうか。AとBを「結合」させてみてはどうか。弱みや機能をいっそのこと「除去」してみたらどうなるか。そして,順序の「並べ替え」はどんな変化を生み出すか。なぜそうするのか,というロジックを伴わずに,試しに変えてみることで,ロジックではたどり着けない「新しい何か」に出会う可能性が生まれる。

3　生業企業の戦い方

(1) 生業感覚を強みに変えるヒトづくり

　大企業に勤めるビジネスマンの多くは,3年,5年といった期間で部署を異動することがわかっているジョブローテーションのもとで働く。彼らは,自身がその部署に所属している期間内に,いかに前年度を上回り,目標を達成し,成果を残すかに集中する。失敗した場合には,挽回が許されるケースもあれば,許されずに自身の社内出世上のキャリアに躓（つまず）くケースもあるだろう。いずれにしても,企業経営という観点からの危機感には,少なからず他人事である（もちろん,表立ってそうは言わないが）。企業の中長期的な成長に対する関心よりも,自身の在職期間内の短期的成果が対象となる評価制度があることで,必然的に短期的な勝負に没頭する。前任者との違いを打ち出すことに躍起になって,経営改革や広告戦略の刷新を図るような事例は数多く見受けられる。その結果,たとえ企業経営が傾いたとしても,従業員も,そして経営者でさえも,別の企業に転職すればよい。人生というキャリアの中での,1つのトライアンドエラーにすぎない。

あるいは，同様のスパンで転職を想定して働く人材も増えてきている。特にベンチャー業界や，システムエンジニアといった職種では一般的だろう。入社時点で，次の企業を探している者も少なくない。助っ人として成果を残しつつ，自身の経験蓄積・能力向上に取り組み，また新天地へ助っ人として移り渡る。生き方としてもキャリア・アップのプランとしても正当な選択肢だが，特定の企業と心中するような運命共同体の意識は持ち合わせていない。

　企業規模が拡大し，中にいる個が自身で把握しきれない領域が増えるにつれて，次第に生業感覚は薄れていく。経営者と社員，あるいは社員同士で，顔と名前が一致しなくなっていく状態も，生業感覚の喪失の代理変数となるだろう。一方，自身の資産を抵当に入れて経営を行っているような，生業感覚を強く持つ中小企業には，逃げ場がない。良くも悪くも，経営者と従業員，あるいは家族や取引先も含めて，運命共同体である。「同じ釜の飯を食う」戦友意識を持たざるを得ない。しかし，だからこそ日々の業務がどれだけの売上，コストに直結しているのかを自分事として実感できる環境にいられる。現場に身を置きながら，自身の作業をビジネス全体，企業経営全体と結びつけ，マーケティング発想を持って，イノベーションを生み出していくことができる。生業感覚を強く持って働く経営者と従業員は，こうした感覚を強みとして発揮できなければ，あまりにもったいない。自身の所属や肩書の範囲内で，決められた作業に取り組むだけでいるべきではない。

　人手に余裕のない中小企業は，人手不足という弱みを，ゼネラリスト型の人材育成という強みに変えることができる。大企業であれば，メンバーがそれぞれの専門領域を持ち，各自が適切に自身の担当業務を遂行すればいい。しかし，中小企業では少人数で，あれもこれもを処理しなければならない。だからこそ，1つの能力に特化したスペシャリストではなく，多様な能力を兼ね備えたゼネラリストを育てられる。部分のスペシャリストは決められた領域内の作業はできても，ビジネス全体，企業経営全体を俯瞰したうえでの発想や意思決定はできない。営業感覚を持った製造，製造の知見を持ち合わせた営業，というゼネラリストだからこそ気づけるビジネスチャンスや，新しい何かがある。あるいは，もしも営業担当者が営業のことしか知らず，技術的な知見を有していなければ，顧客からの要望に対してその場では判断で

きず，社に持ち帰って検討するタイムラグが発生してしまう。しかしゼネラリストであれば（かつ権限委譲されていれば），その場で即座に意思決定を行えるようになる。

　もう1つ，生業感覚を持つ人材活用に関して，世代交代に言及しておきたい。経営者と従業員は，世代とともに自身の役割を変化させていく必要がある。個人差はあれども，加齢による役割の変化は，誰しもが受け入れざるを得ない。知識，経験，ネットワークが積み重なる一方で，自己否定，挑戦，協調を受け入れにくくなる。しかし，定年を設けていない中小企業，特にそのオーナーにとって，自ら線引きをしたり役割を変更したりすることには抵抗があるだろう。

　前川製作所では，定年を設けずに20歳から90歳まで働ける企業を目指し，40代までを「動」，50代以降を「静」として役割，働き方を変化させる取り組みを進めている[9]。「動」と「静」は，力と技，体力と知恵，変化と安定，革新と伝統，成長と成熟，そして攻と守，と言い表すことができる。若手・中堅とシニアは，同じ能力で競い合う必要はなく，異なる能力を発揮して補い合い，協働することができる。シニア人材は，若手や中堅にはない能力を備えており，異なる役割を担う。シニア人材の能力は，衰えではなく変化である。

　「静」が，「動」の妨げになってはいけない。なぜなら，世代によってビジネスの可能性の捉え方は大きく異なるからだ。この先20年，30年と生業を続けていかなければならない「動」の世代は，悲観的になって立ち止まってはいられない。必死に希望の芽を探す。その挑戦を後押しする「静」でなくては，長期的な企業の存続は成しえない。失敗した場合に企業が受けるダメージはしっかりと検討したうえで，「動」の挑戦を支援する評価制度と世代交代，メンタリティを，「静」は整備する必要がある。

(2) 4つの再点検から再構築するマーケティング戦略

　ビジネスの基本戦略は，成長市場を見つけ出して，そこが求める商材や価値，差別化を追求・実現することにある。そのために，中小企業が徹底すべき4つの再点検を提示しよう。

まず1つ目は，役割の再点検である。自社は，業界あるいは市場において，顧客に対して，どのような価値を提供できているのか。どんな役割を担っているのかについて，見直し，更新する必要がある。メーカーならば，価値をいかに形（製品，サービス，企画）として生み出すか。問屋ならば，価値をいかに広めるか。小売ならば，価値をいかに届けるか。かつてはこの三者の役割分担は明確だったが，現在は役割を奪い合う時代に突入している。「うちは〇〇屋だから」にとらわれずに，その言葉を逃げ道とせずに，自社の役割と提供価値を再点検すべきである。

　2つ目は，強みの再点検である。まずは現状の自社の強みは何なのか，分解して再確認するところから始めよう。現状の取引関係は，なぜ実現できているのか。品質か，品揃えか，ブランドか。製品力の結果なのか，営業力の結果なのか。製造，流通，販売，マネジメント，あるいはリサーチのどこが，なぜ強いのか。立ち止まって，自社の現状について分析する必要がある。その分析を踏まえて，どの強みを強化していくべきか，そしてどの強みならば強化していけるのか，について戦略を練っていく。同時に，自社の弱みを認識したうえで，克服するか，受け入れて開き直るか，も判断する。

　また，再点検の前提として，自社がどの成長を志向していくのかを明確にすべきである。拡大成長なのか，適正成長なのか。それによって，強化すべき強みは変わってくる。より多くの企業が，巨大なぜい肉の体となる拡大成長よりも，小さく俊敏で筋肉質な体となる適正成長に向かっている。

　3つ目は，差別化の再点検である。規模の経済性を発揮できない中小企業は，大企業以上に差別化の徹底が求められる。自社の製品，サービス，ビジネスモデルにおいて，競合他社との違いを創り出せているかどうか。違いがあるならば，その違いは永続するのかどうか，保つにはどうすべきか。違いがないのならば，どのような違いを生み出すことができるか，どのような違いならば競争優位となるか。差別化戦略について考え続ける必要がある。その際に注意すべきは，絶対的な差別化を求めすぎないことだ。絶対的な差別化の追求は，一朝一夕には成しえない。まずは，相対的な違いを創れれば十分である。また，特定の要素（技術力，販売力，ネットワーク等）で1万分の1の存在にはなれなくても，100分の1の要素をいくつか掛け合わせれば，

稀有な存在になれる。小さくとも確かな違いの積み重ねを結びつければ，競争優位を生み出すことができる。

　「ブルー・オーシャン」と呼ばれるような，全くライバルの存在しない市場は，厳密には考えにくい。たとえ同業他社のライバルが不在でも，他業種のライバルは存在する。そして，市場の旨みが大きいと感じれば，同業・他業の他社は次々に参入してくる。中小企業にとって望ましいのは，ライバルが入ってこない小さな市場「ブルー・ポンド」を創ることだ。同業他社や他業種のライバル企業が参入してこない（参入するには割に合わない），オーシャン（海）と呼べるような大きい市場ではなく，ポンド（池）と呼ぶべき小さな市場である。自社の事業内に，ブルー・ポンドを複数開拓しておくことが，自社の生存確率を飛躍的に高める。

　そして4つ目は，顧客の再点検だ。顧客そのものと，顧客志向の両方を見つめ直す必要がある。衰退・減少していく顧客だけを相手にしていれば，いずれ自社も失われていくことは必然である。古く濁った血は捨てて，新鮮な血に入れ替えなければならない。拡大・成長している顧客に，いかにアプローチするか。そのための戦略に注力する必要がある。顧客の入れ替えのために，商材や事業を入れ替え，自社の事業ポートフォリオを再構築していく。

　同時に，真の意味での顧客志向を持てているかどうかを確認すべきである。顧客志向は，噛み砕いて言えば，顧客の身になって考える想像力を持つことだ。言葉にすれば当たり前のことだが，IT企業があらゆるテクノロジーの進歩にアンテナを張るように，アパレル業界に携わる者が自らのライフスタイルやファッションにまで気を配るように，自身が身を置く業界の川上から川下までを自分事として，当事者として考えることのできる想像力を持てているだろうか。例えば，接客におけるサービス対応を想像してみてほしい[10]。声掛けや提案は，自社目線のルーティンになっていないだろうか。消費者にとって，商品を手に取るや否や，即座に声を掛けられるのはサービスというよりも圧力であるし，ショッピングの体験を楽しみに来ているペアの客に対する強引な声掛けは，彼らの時間消費の妨害となってしまう。

　また，提案は，顧客にとって具体的なメリットを伝達できて初めて，説得になる。その商品が人気ならば，どんな人になぜ人気なのかまで伝える必要

がある。その商品がお得ならば,なぜそのコストパフォーマンスを実現できているのかまで伝えなければ意味がない。レザーの鞄・小物の業界で言えば,「made in Japan」と訴えても埋もれてしまうし,「made in Sumida」と訴えてもメリットが伝わらない。なぜ墨田区で製造されたレザー製品は特別なのか,の説明が不可欠である。実は墨田区では革,特に豚革(ピッグスキン)の製造加工が古くからの地場産業であり,技能の蓄積,関連企業の集積がある。通常,良質な革はまずヨーロッパに流通するが,国産のピッグスキンならば墨田で高品質のものが安価で入手しやすい。だから,本当の意味で純国産が実現できて,安価で上質な素材が利用可能であり,かつ墨田の伝統と集積の高度な技術力によって造られた「made in Sumida」には価格以上の価値がある。ここまで伝えて初めて,価値の伝達が実現し,説得力が生まれる。

アメリカの大企業を対象に構築されたマーケティングという概念と枠組みを,ただ単純に日本の中小企業に当てはめてみることには,少なからず限界がある。そもそも,うわべの当てはめという行為そのものに意義がないことは,前述のとおりである。日本で生き抜く中小企業,その経営者と従業員には,彼らだからこそ持ち得る発想と強みを自身で見つけ出し,勝ち上がっていってほしい。その闘いの日々に,本章で提供した知見が,気づきや刺激として少しでも貢献できれば幸いである。

(永井竜之介)

付記

本稿は,中小企業とのさまざまな取り組みを通じて得られた問題意識や気づきに基づいて執筆している。多くの発見の機会をいただいた問屋街活性化委員会,横山町奉仕会,協同組合東京問屋連盟,有限会社丸ヨ片野製鞄所,そして株式会社田代合金所の方々に,この場を借りて御礼申し上げる。

❖注

1) 野口［2016］22頁の日本語訳より。
2) 『宣伝会議』2016年1月号，21頁より。
3) 『日経ビジネス』2015年3月23日号を参照。
4) 恩藏・永井［2017］を参照。
5) Granovetter［1973］を参照。
6) ダイアーほか［2016］を参照。
7) 恩藏［2017］を参照。
8) コトラーほか［2004］を参照。
9) 恩藏・永井［2017］を参照。
10) 平山［2015］を参照。

❖参考文献

Granovetter, Mark S.［1973］"The Strength of Weak Ties," *The American Journal of Sociology*, 78(6), 1360-1380.

Schumpeter, J. A.［1934］*The Theory of Economic Development*, Cambridge, MA, Harvard University Press.

青島矢一［2001］「第1章 イノベーション・マネジメントとは」『イノベーション・マネジメント入門 第2版』日本経済新聞出版社，1-20頁。

恩藏直人［2017］『マーケティングに強くなる』筑摩書房。

恩藏直人・永井竜之介［2017］『脱皮成長する経営―無競争志向がもたらす前川製作所の価値創造』千倉書房。

ジェフリー・H. ダイアー，ハル・B. グレガーセン，クレイトン・M. クリステンセン［2016］「イノベーターのDNA」『DIAMOND ハーバード・ビジネス・レビュー』2016年9月号，ダイヤモンド社，70-82頁。

宣伝会議［2016］「資生堂が挑む データドリブンカルチャーの醸成」『宣伝会議』2016年1月号，20-21頁。

日経BP社［2015］「テルモ 新宅祐太郎の経営教室 第3回 コモディティーでも利益を出す」『日経ビジネス』2015年3月23日号，94-97頁。

野口恭平［2016］「第1章 マーケティングとはなにか？」『デジタルで変わるマーケティング基礎』宣伝会議。

平山枝美［2015］『売れる販売員が絶対に言わない接客の言葉』日本実業出版社。

フィリップ・コトラー，ケビン・レーン・ケラー著，恩藏直人監修，月谷真紀訳［2014］『コトラー＆ケラーのマーケティング・マネジメント（第12版）』丸善出版。

フィリップ・コトラー，ゲイリー・アームストロング，恩藏直人［2014］『コトラー，アームストロング，恩藏のマーケティング原理』丸善出版。

フィリップ・コトラー，フェルナンド・トリアス・デ・ベス著，恩藏直人監訳，大川修二訳［2004］『コトラーのマーケティング思考法』東洋経済新報社。

コラム4

中小製造業の現場発イノベーションが市場を面白くする

製品開発プロセスにおける差

　かつての日本の経済成長を支えてきた製造業の苦境が言われて久しい。例えば，電機業界ではサムソン，アップルといったグローバル企業が業績を持続的に成長させている一方，多くの国内大手メーカーの業績は伸び悩んできた。かつては国内メーカーが世界シェアの上位を占めていたテレビなどの電子機器においてもシェアが凋落しており，競争力低下が指摘されている。

　日本国内の家電市場においては，アップル，ダイソンといったメーカーの製品が消費者の支持を集めている。これらの商品は，一目見てわかるオリジナリティの高いデザイン性が特長であるとともに，実際に使用したときの優れた操作性（ユーザーインターフェース）や使い勝手（ユーザビリティ）によって購入者をファン化しているようである。

　アップルとダイソンの製品開発上の共通点は，まず，デザイン性やユーザーインターフェース，ユーザビリティの重要性を認識し，最適値を設定するために開発過程において膨大な試作品を作っていることである。すなわち，プロダクトの設計が，製品コンセプトに基づいて設定された要求仕様に合致しているかを確認するにあたり，PCの画面上や設計図面上での確認だけでなく，現物で確認することを重視していることが知られている。アップルでは，「製品開発のプロセスで作るモックアップ（模型）の数が，日本のメーカーとは2桁は違う」，「製品の大きさをほんの1mm調整するだけでも，ちゃんと手で持ったときの感触が試せるモックアップを作っている」という（日経ビジネスオンラインホームページ，2015年2月6日）。また，ダイソンは，1993年に英国で発売しヒット商品となった紙パック不要のサイクロン式掃除機の開発のために，5年間で5,127台の試作をした，

というのはよく知られる逸話である。ダイソンの社内で「ダイソンの定理」の1つが,「プロトタイプ（試作品）をつくれ」という言葉であるといい,エンジニアが自分で作った試作品を自ら触り,改良していくことを重要視しているという（COURRiER japon, 2011年4月号, p.30）。

自社開発の意義

　ところで,中小製造業においても,魅力的な自社製品を開発して,その販売を収益の柱としている企業は多数存在する。こうした企業の多くは,限られた時間制約や予算制約の中でも,構想した製品の試作を鋭意繰り返しながら,製品開発を行っている。そして,試作を重視した製品開発は,規模の大きなメーカーよりも中小製造業者のほうが取り組みやすい側面がある。なぜなら,多くの中小製造業者では,経営者や従業員が製品の企画構想を行うオフィスと製造現場が同じ工場内にあり,経営者がその気になれば（あるいは経営者がOKを出せば）,工場の設備ですぐ試作することができるからである。また,小規模な企業の製造現場では,多品種少量の生産に向く汎用機械や,小型で最新型でもない「ローテク」な機械が重用されているが,製品開発における試作においては,そのような機械を用いるほうが使用者の裁量による加工の自由度が高く,効率が良いことも多いと考えられる。また,自社製品開発を行う多くの中小製造業者において,経営者自身が製品コンセプト立案者であり,製品開発のリーダー（あるいは開発者）であることも非常に意味がある。経営者自身が自ら手を動かして図面を書くことや試作を行うことで,設定した製品コンセプトが具現化されやすくなるからである。

　新製品開発においては,市場のニーズを発見し魅力的な製品コンセプトを設定することが非常に重要であるが,中小製造業者が製品開発を行うにあたり,大手メーカーのように予算をかけて市場調査を行うことは難しい。そこで,経営者たちは,経営者（従業員）自身または家族が有する未充足の強いニーズに着目して製品を開発すること,あるいは,特定分野の専門家が有している未充足の強いニーズに注目して,問題解決のために専門家に密着してニーズを深く把握し,製品を開発することによって成功を収め

る事例が見られる。このような製品は，大手メーカーが製品化するには事業規模が十分でないことも多く，結果的に独自性の高いオンリーワンの製品として市場で認知される可能性を有している。

　以下では，私が早稲田大学大学院修士課程（鵜飼研究室）にて執筆した修士論文で取り上げた，自社製品開発に取り組んで成果を出している中小製造業者の事例を紹介する。

㈱伊吹電子（神奈川県川崎市）

　1999年に発売した「クリアーボイス」は，補聴器代わりに使えて，補聴器よりも使いやすい「音声拡聴器」である。同社松田社長の母親は耳が不自由になり補聴器を持っていたが，実際には装着時の煩わしさからほとんど使用していなかった。そこで，携帯電話のような感覚で，聞きたいときに耳に当てるだけで音声を拡大するという操作が簡単でシンプルな機能の製品を開発した。開発中に試作品を母親に使ってもらったところ大変喜んでもらえたことが，製品完成への大きな後押しになった。ちなみにその試作品は，筐体に段ボールを使用したものであったという。また，性能を必要最低限に抑えシンプルな機能としたことで低価格を実現し，補聴器の購入が難しい高齢者の方々のコミュニケーションを支援する道具として重宝されることとなった。

㈲大里化工（東京都墨田区）

　2010年に発売した「フォトラ」は，自社で製造するプラスチック部品の撮影を管理業務の一貫として行うなかで着想した，「小物商品をきれいに撮れて，楽にセッティングできて，コンパクトに収納できる道具」という社長および従業員のニーズを満たす商品撮影セットである。開発陣自身がターゲットユーザーであり，明確なコンセプトを共有した上で開発にあたり，商品を完成させた。発売後は，ターゲット顧客を意識して製品ホームページのリニューアルを行ったり，さまざまな業界の展示会に出展して製品の認知拡大を図ったりするなど，マーケティング活動にも戦略的に取り組んでいる。また，購入者からの要望の声を反映し，ガラス瓶の商品をき

れいに撮影できる製品を新たに開発し，発売している。

㈱高山医療機械製作所（東京都台東区）
当社で製造する脳外科手術用ハサミは，日本の脳神経外科手術で使用されるハサミの9割のシェアを有することで知られており，輸出されて海外の脳外科手術でも多く使われている。同社高山社長は，解剖学や脳外科手術の手技について自学して脳外科医と直接コミュニケーションができる知識を身につけた。さらに，日本を代表する著名な脳外科医の元へ足繁く通って実際の手術にも立ち会い，手術の様子を詳細に観察して研究を重ね，脳外科手術に欠かせない商品を完成させた。開発の過程では，外科医の言葉から隠れたニーズを推測し，商品の形状に落とし込んでいった。また，専門家からの要望にスピーディに応えることで，信頼を勝ち取っていったという。

多数の同様の事例から，中小製造業者が新たに自社製品の開発に取り組む意義としては，1つには新たな収益源の獲得であるが，もう1つの重要な側面として，自社製品開発は顧客ニーズの獲得，販路開拓活動などの能動的な活動を促進することである。そして，そうした活動が，企業組織や経営者を活性化し，さらなる製品開発能力の強化を果たしている例も多い。

近年，国内の大手メーカーもプレゼンス低下の現状に強い危機感を持ち，新しい取り組みを始めている。ソニーの「Seed Acceleration Program (SAP)」やパナソニックの「Game Changer Catapult」は，もともと社内にある人材，技術などの経営資源を有効に活用しつつ，社外とのオープンイノベーションの機会を積極的に持つことによって開発速度を加速させ，新規事業を創出することを目的にしている。特にソニーのSAPは，クラウドファンディングで1億円以上の資金を集めて製品を発売するなど，一定の成果を出しつつあるようだ。

多様性のある製品が流通し，消費者が自身のこだわりの強さに応じた製品を選択できるのが，消費者にとって楽しい，理想的な消費市場であると考える。そして，消費者の購入しやすい価格で製品を供給できる大手メーカー，絶対数は少ないながらも強いニーズを持つターゲットに対してこだ

わりの仕様を持つ製品を供給できる中小事業者，両者の存在が豊かな消費市場の成立には不可欠であろう。

(辰野博一)

❖参考文献

林信行「日本人デザイナーが内側から見たアップル」『日経ビジネスオンライン』
　　2015年2月6日
　　http://business.nikkeibp.co.jp/article/report/20150203/277072/
「ダイソン創業者が語る「常識破りの開発哲学」」『COURRiER japon』2011年4月
　　号，30頁。
辰野博一［2017］「中小製造業の自社製品開発に関する研究―製品開発プロセスの分析を踏まえて」早稲田大学大学院商学研究科修士論文。

― 第5章 ―

日本酒蔵元の再生にみる商学の体系
― 「懸隔の架橋」という役割 ―

　わが国では，老舗の私立大学を中心に，商学部が数多く設置されている。とはいえ，商学の体系と範囲については，商学部（あるいは商学科）に所属する学生に対してさえ，ほとんど語られなくなってしまった。経営学や経済学との相違点は確かにあるはずだが（上林ほか［2007］補章，石原・忽那［2013］序章），明確に議論される機会はことのほか少なく，商学（部）の「アイデンティティ・クライシス」（柏木［2015］）さえ叫ばれている。

　本章はこうした状況に抗して，商学が持つと考えられる独自の領域を体系的に把握することを試みる。それには，髙橋［2009, 2012］が試みたように，わが国で商学が持つ100年余りの歴史を紐解くことが必要である。しかし本章は，それにとどまらない。岐阜県飛騨高山のある老舗の酒造業者（いわゆる「蔵元」「造り酒屋」）がたどりつつある再生のプロセスを検討することで，生産（酒づくり）と流通（貿易を含む）を中心とするサプライチェーンを包摂し，さらに観光や地域活性化までを商学の教育・研究体系に取り込むための青写真を描きたい。

1　商業・流通による「懸隔の架橋」と商学

(1)商学の根幹をなす商業・流通

　「商学」というときの一般的なイメージは，「商い・商業を学ぶ」というものであろう。実際には，後述のように「商学＝商業論」とは決して言いきれないが，商業が商学の根幹に位置づけられてきたことは，指摘するまでもない。今日では，商業より概念がいくぶん広い「流通」が主に用いられている

ことから，ここでは流通の定義と社会的意義を検討したい。

　流通とは，教科書的な理解では，「生産（者）と消費（者）の間の隔たりを取引によって埋め合わせること」である。「隔たりを埋め合わせる」ことは，「懸隔の架橋」とも呼ばれる。「隔たり」，「懸隔」とも堅い表現であるが，英語でいえば"gap"であり，「懸隔の架橋」も"bridging the gap"と表現したほうが，むしろ明快かもしれない。

　それでは，生産（者）と消費（者）の間にはどのような懸隔があり，流通によってどのようにして架橋されるのであろうか。**図表5-1**は，「懸隔の架橋」の一般的な機能を整理したものである。懸隔の分類と例示にはさまざまなバリエーションがあるが，空間的（spatial）・時間的（temporal）懸隔はどの分類においても必ず触れられる。図表5-1でいう物資・商品の輸送機能を講じる科目として「交通論」が，そして保管機能を講じる科目として「倉庫論」が，1900年代以降の高等商業学校や1920年代以降の商科大学において，「商業論（商業学）」から派生して成立するようになった（髙橋[2009]494-499頁）。商学における「交通論」の起源はあくまでも貨物輸送であり，今日の科目名称でいう「ロジスティクス（物流）論」の内容に近かったといえよう。

　そもそも，わが国における商学が成立と体系化を見たのは，高等商業学校の創設と前後する明治30年代（1900年前後）のことであった。貿易商社（現在でいう総合商社）の即戦力となり，わが国が「貿易立国」として飛躍する

図表5-1❖生産と流通の懸隔とその架橋

懸隔	具体的内容	架橋
主体	生産者と消費者が異なる	取引（所有権の移転）
空間	生産地と消費地が異なる	輸送
時間	生産時点と消費時点が異なる	保管
情報	何がどこで，どれだけ生産（消費）されているかが正確にわからない	情報伝達
価値	生産地（時点）と消費地（時点）で商品に対する価値が異なる	取引（価格形成）
品揃え	生産地と消費地では必要とされる財の組み合わせが異なる	取引（品揃え形成）

出所：石原・忽那［2013］220頁を一部修正。

にあたり一翼を担う人材の育成が，高等商業教育の目標とされたのである（髙橋［2009，2012］）。それゆえ，「商業論」のみならず「貿易論」，「交通論（陸運論）」のみならず「海運論」もまた，商学の科目として設置されていった。このことが，商学における金融（ファイナンス）系科目の充実にも直結する。海運を使って貿易をするとなれば考慮すべきは海上保険であり，ここから「保険論」が講じられた。保険以外の金融，とりわけ資金調達についても，「銀行論」や「証券論」といった各論科目が設置された。

(2)「懸隔の架橋」概念の買い物弱者対策への応用

ここで「懸隔の架橋」の概念を，今日の社会問題の1つとされる買い物弱者問題に応用して考えてみたい（髙橋［2017］245-249頁）。買い物弱者とは，「流通機能や交通網の弱体化とともに，食品等の日常の買い物が困難な状況に置かれている人々」（経済産業省［2010］32頁）と定義され，全国で約700万人にのぼるといわれる（経済産業省［2015］1頁）。今後，高齢化の進展に伴い，その数は増加すると考えられている。

買い物弱者を発生させる「流通機能や交通網の弱体化」は，流通では特に中小小売業において，交通では特に公共交通（バスなど）において起こりやすい。公共交通の採算性低下や衰退は，主に地方部において昭和40年代（高度成長期後半）以降に問題とされてきたが，似た現象が中小商店やその機能に関しても起こっていると捉えることができる（髙橋［2017］245-246頁）。先の表現を使えば，消費者（とりわけ，自動車の運転免許や自家用車を保有しない，あるいは運転を断念した高齢者）の徒歩圏から商店が撤退し，最寄りの小売業者までの空間的懸隔が大きく空いてしまった，つまり消費者の手に商品を直接渡すに至る「ラストワンマイル」が長くなってしまったときに，誰がどのような手段を講じるべきかが，買い物弱者対策の焦点である。

図表5-2および**図表5-3**は，買い物弱者対策として空間的懸隔に架橋する手法を類型化したものである。図表5-2では，実線の矢印が流通（物流：モノの流れ）を，破線の矢印が交通（旅客：ヒトの流れ）を意味している。ここで，流通と交通が，代替関係にも補完関係にもなりうることに注目されたい。

図表5-2❖買い物弱者対策の5類型

```
              物流・サプライチェーン
                    ↓
              ┌─────────┐
              │  小売業者  │
              └─────────┘
                            ④
ラストワンマイル ①  ②  ③        → ┌─────────┐
                                    │  新規拠点  │
                                ⑤   └─────────┘
              ┌─────────┐
              │   消費者   │
              └─────────┘
```

出所：髙橋ほか［2012］439頁および髙橋［2017］248頁を一部修正。

図表5-3❖買い物弱者対策の5類型（図表5-2の凡例）

アプローチ	形態の例	代表的事例
①流通からのアプローチ	共同購入	生活協同組合（生協）
	移動販売	昭栄鶏卵
	ネットスーパー	大手小売業者
②交通からのアプローチ	買い物バス	NPOまちづくり活性化土浦
	送迎自転車	村山団地中央商店会
③来店宅配	購入商品の配達	ダイシン百貨店
	タクシーの活用	近商ストア
	宅配業者が受託	ココネット
④小売業者からの歩み寄り	小規模店舗出店	マルエツプチ
	中山間地域出店	タイムリー
⑤消費者からの歩み寄り	共同店	沖縄（本島北部が中心）
	配食サービス	支え合う会みのり，友一友

出所：髙橋ほか［2012］440頁および髙橋［2017］248頁を一部修正。

つまり，空間的懸隔の架橋を試みる際に，「モノを運ぶか（①），それともヒトが動くか（②）」という代替関係を前提とする二者択一のアプローチがある。③④⑤は流通と交通の補完関係を示している。③の来店宅配は，すでに全国のスーパーマーケット等で導入されているが，消費者が購入した商品を，その自宅まで小売業者側が配送することで，消費者が手ぶらで帰宅できるものである。④⑤は，小売業者と消費者の「歩み寄り」によって消費者により近い場所に「新規拠点」を設け，ラストワンマイルの絶対的距離を短く

する試みである。

　ここまで論じてきたように商学は，「商業（流通）論」を根幹に置きつつも，決してそれだけではない。貿易（総合）商社の人材育成上の必要に応じて，さまざまな分野・業種を包摂して発展した教育・研究体系であった。なかでも，「空間的懸隔の架橋」という役割においては，流通（論）と交通（論）が2本の柱となり，その代替・補完関係を明確に意識することが，買い物弱者対策のような今日的な課題に対しても，意義を持ちうるのである。

　次節以降では，このような流通と交通の代替・補完関係を念頭に，日本酒蔵元の再生プロセスに沿って，商学の体系が持つ今日的意義を具体的に考察し，商学の体系および領域の拡張を試みる。

2　蔵元再生のプロセス

⑴酒どころとしての飛騨高山

　岐阜県は「飛山濃水」と称されるように，山がちな飛騨地方と，川が多い美濃地方からなる。飛騨地方の中では，県北部に位置する高山市の中心市街地（以下「飛騨高山」）は，世界遺産・白川郷の玄関口であり，北アルプス（飛騨山脈）の登山口でもある。さらに，江戸時代から明治にかけての町家建築が連なって数多く残る「古い町並」が，伝統的建造物群保存地区（いわゆる伝建地区）に指定されている。飛騨高山は，このように豊かな観光資源に恵まれ，県内有数の，いや全国的に見ても有名な観光地となっている。1970年の大阪万博の頃からは，国鉄（当時）の「ディスカバー・ジャパン」キャンペーンに取り上げられて国内観光客の人気を集め，近年では外国人観光客（いわゆるインバウンド）が急増している。高山市は全国の自治体に先駆けて海外戦略部を設置し，外国人観光客の受け入れをはじめとする市の急速な国際化に対応している。

　このように，わが国内外で人気の観光地である飛騨高山であるが，日本酒蔵元が密集し，全国でも指折りの高密度な産業集積を形成していることは，あまり知られていない。飛騨高山には，1697（元禄10）年には蔵元が56軒も

あったといわれ，明治期にも20軒程度が残っていた（伊藤［1986］104-105頁）。現在でも，古い町並とそのごく近所の徒歩5分圏内に，7つもの蔵元が密集しており，舩坂酒造店（銘柄：深山菊）と原田酒造場（山車）にいたっては，観光客で賑わう上三之町の路地を隔てて向かい合っている。

(2) 舩坂酒造店における蔵元再生のプロセス

　その舩坂酒造店が，蔵元再生の舞台である。舩坂酒造店は元禄年間に創業し，300年もの歴史を持つ。飛騨高山では，上記のように蔵元が密集していたことから，瓶詰工程を共同化することが試みられた。具体的には，高山市北部の国府地区（旧・国府町）に瓶詰工場が建てられ，1974年からはそれぞれの蔵元で余った酒に統一のブランドを付けて販売する計画まで立案された。蔵元間の歩調が揃わず，この事業は1979年には解散したが（伊藤［1986］110-111頁），舩坂酒造店は飛騨高山の蔵元の間でリーダー的存在であったゆえか，この瓶詰工場を引き継いだ。醸造工程は，一貫して上記の上三之町の酒蔵にあったが，そこで作られた酒はタンクローリーで国府の工場に運ばれ，瓶詰されて上三之町に戻ってきて販売されたという。

　しかし，この瓶詰工場が1997年に火事を起こし，舩坂酒造店のモチベーション低迷につながった。創業家に後継者候補がいなかったこともあり，地元の銀行を通じて，事業承継を模索することとなった。創業家が，最低でも2年は酒づくりを続けるという条件を提示した結果，地元・飛騨高山の旅館「本陣平野屋」（1975年創業）が，2009年に舩坂酒造店の事業を承継した。

　舩坂酒造店の現在の代表取締役社長は，有巣弘城（ひろき）氏である。有巣氏は1984年に，本陣平野屋の創業家に生まれ，その跡取り息子として育てられた。地元の高校から東京都内の大学に進学し，卒業後は経営コンサルティング企業に就職した。いずれ旅館を経営するという覚悟は早くからあったものの，少なくとも30歳を過ぎるまでは家業に戻らない予定であった。しかし，2010年に飛騨高山に呼び戻されて舩坂酒造店に入社し，2015年には社長に就任した。

　2010年以降の舩坂酒造店の再生に関しては，有巣氏が経営コンサルタントとして経験した企業再生や事業承継の知見を活用し，売上高のみならず各種の経営指標による，客観的な事業評価を心がけている。以下ではその中でも

ポイントとなる，4つの試みを紹介したい。

　第1に，生産から販売，さらには飲食までを一貫して飛騨高山で行う「日本酒のテーマパーク」の実現である。蔵元の隣地を購入し，国府地区にあった瓶詰工程を呼び戻すことで，2014年には酒づくりから貯蔵・販売までを一貫して，上三之町で行えるようになった。伝建地区であることから建築関係の規制が厳しく，瓶詰と貯蔵の工程を拡充するためには地下を掘るなどして費用はかかったが，低温貯蔵がしやすくなったという。また，蔵元に以前からあった売店を拡充して，酒類以外にも各種の土産物を販売するようにした。古い町並の中央という地の利を活かした観光客対応を実現したのである。さらに，以前は創業家が居住していた蔵元の奥の空間に和食レストランを開業し，地酒に合う郷土料理などを，個人客・団体客を問わず供するようにした。飲食を楽しんだ来店客には，売店の回遊を勧めることができる。事業承継の際に引き継いだ社員は，杜氏を含め9名であったが，実店舗（飲食・売店）をこのように拡充したことで，社員数はパート勤務を含めて43名にまで増加している。

　第2に，新商品の開発である。超高級日本酒「四ツ星」を開発し，日本酒初心者向けに「しぼりたて生酒」のラインナップを強化した。また，日本酒をベースにした山葡萄，柚子，梅のリキュールを開発した。さらには，麹の甘酒（ノンアルコール飲料）や日本酒を配合した化粧品（OEM生産）など，日本酒を嗜（たしな）めない女性や子供も一緒に日本酒のテーマパークで楽しめる商品を，多数開発・販売している。

　第3に，販路の拡大，とりわけ輸出の促進である。輸出は2013年に開始し，初年度の実績は144本，売上約15万円にとどまったが，2017年度は約15,000本，売上約1,300万円に達するほどになった。輸出先として大きいのは香港であり，要は飛騨高山への訪問者数が多い国への輸出を優先している。最終的に販売されるのは，小売店よりも飲食店，とりわけ和食や焼肉のレストランが多いという。海外で特に人気なのは前述のリキュールであり，輸出本数の6割を占めている。

　最後に，販路拡大のもう1つの手法として，インターネットによる通信販売（いわゆるネット通販）がある。これは，飛騨高山および実店舗を訪れた

消費者・観光客が、自宅に帰ってからも舩坂酒造店の各種商品を購入できる環境を整えることで、リピーターを確保することを主な目的としている。もっとも、ネット通販は国内からのアクセスにおいてのみ有効である。わが国の現在の制度では、ネット通販による輸出（ロジスティクスでいう「越境 B to C-EC」の一種）は、酒類に関しては認められていない。「舩坂酒造店の酒類をネット通販で購入できないか」という問い合わせが海外から届いた場合には、断らざるをえない。

(3) 舩坂酒造店が構築するサプライチェーンの全体像

図表 5-4 は、舩坂酒造店の現在のサプライチェーンをまとめたものである。ここでは、図表 5-2 と同様、実線の矢印が流通（モノの流れ）を、破線の矢印が交通（ヒトの流れ）を示している。

図表 5-4 では、これも図表 5-2 と同様、簡略化のためにカネの流れの図示を省略しているが、実際は再投資というカネの流れを生み出し強化することが、蔵元再生の鍵となっている。舩坂酒造店が、実店舗を強化し日本酒のテーマパークを実現したことは繰り返すまでもないが、この実店舗での売上を生産部門への投資に振り向けることで、たとえば新商品の開発が可能になる。それによって商品の価値・評価が高まれば、卸売部門への引き合いも増える。万が一飛騨高山で天災があり、観光客を含めた地域内消費が減ってし

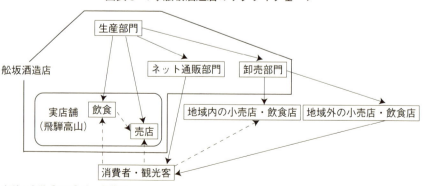

図表 5-4 ❖ 舩坂酒造店のサプライチェーン

出所：有巣［2017］を一部修正。

まったとしても，生産部門と卸売部門でリスクをヘッジし，地域外の消費者にアプローチし続けられるという思惑である。

3　蔵元再生の事例が商学の体系にもたらす示唆

　流通の機能としての「懸隔の架橋」，そしてそれを実現するためのモノの流れとヒトの流れの代替・補完関係を視座としたとき，舩坂酒造店における蔵元再生の取り組みは，先にみた商学の体系全体を説明し，さらに観光や地域活性化へも拡張しうる。**図表5-5**および**図表5-6**は，図表5-2・5-3と似た形式で，これを図示したものである。以下ではまず，①から⑤までの

図表5-5❖「懸隔の架橋」としての商学の体系

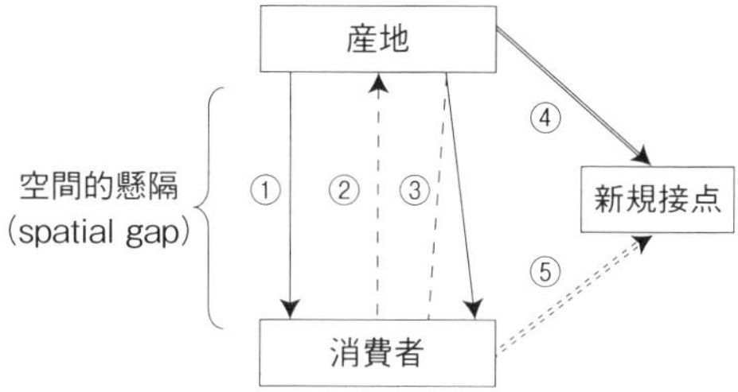

出所：筆者作成。

図表5-6❖「懸隔の架橋」としての商学の体系（図表5-5の凡例）

アプローチ	形態の例	具体的な特徴・課題
① 商品流通・貿易	国内の販路拡大	国内物流の改善
	海外への輸出促進	国際物流の改善
② 観光促進・交通	国内からの観光促進	国内交通の改善
	インバウンド観光促進	国際交通の改善
③ 手ぶら観光	産地→宿泊先	域内物流
	産地→駅・空港	都市圏内・国内物流
	産地→自宅	海外までの宅配便は困難
④ 産地からの「歩み寄り」	アンテナショップ	固定店舗，大都市
	百貨店の物産展	期間限定，全国行脚
	日本酒の試飲会	
⑤ 消費者からの「歩み寄り」	県人会が出店？	

出所：筆者作成。

アプローチを説明し，舩坂酒造店の事例の特徴をより明確にしたい。

①のアプローチでは，販路拡大（海外に販路を求める場合は輸出促進）の鍵は物流の改善にある。②のアプローチでは，産地への観光促進の鍵が，交通（インバウンドの場合は特に国際航空）の改善にあることは明らかであろう。蔵元での生産現場の見学コースを整備することなどによる「酒蔵ツーリズム」の展開は，酒造業を対象とした産業観光の取り組みでもある。

③の「手ぶら観光」は，観光客の手荷物（観光地で購入した商品を含む）を例えば宿泊先・空港・自宅等まで送り届け，観光客の負担を軽減するサービスである（髙橋［2014］17頁，土井［2015］74-81頁）。わが国では，国土交通省が各地の観光地で導入・推進しようとしており，実際に外国人観光客の急増と「爆買い」行為に伴い，注目を浴びている。とはいえ，普及には依然としていくつもの課題があると考えられる。特に，外国人観光客にとっての自宅まで，国際宅配便で手荷物を届けるサービスは，前述のネット通販による商品輸出（越境B to C-EC）と同様の課題を抱えている。

④⑤は，消費者により近い位置に「新規接点」をつくり，流通と交通の相互補完によって空間的懸隔に架橋するアプローチである。④では，全国各地の百貨店などで企画・開催されている，地方・産地ごとの物産展は常に人気があり，産地から消費者への「歩み寄り」の例と解釈できる。日本酒の場合，産地や県別の同業者組合（酒造組合）などが企画して，主に大都市で開催する試飲会も，ファンの間で根強い人気を誇っている。一方，⑤の形で，消費者が主体となって新規接点を作ることは難しいと考えられる。とはいえたとえば，故郷を離れた都市で当地の「県人会」が出資を募る形で，「郷土料理と地酒がいつでも楽しめる飲食店」を出店し，県人会の会員のたまり場とすることは考えられ，前例もあるのかもしれない。今後の学術的調査が望まれるところである。

産地，あるいはその中の個々の企業（ここでは蔵元）が，販売促進や販路拡大を考えたとき，図表5-5・5-6に見られる複数のアプローチを併用することもありうる。舩坂酒造店の場合，輸出促進やネット通販（①）に加えて，大都市での試飲会（④）にも積極的に参加している。とはいえ，繰り返しになるが飛騨高山の上三之町，つまり観光地のど真ん中に立地してきたと

いう「地の利」を最大限に活かして日本酒のテーマパークを実現し，ここでいう②のアプローチ，つまり飛騨高山の観光地としての集客とそのリピーター化を常に念頭に置いていることが，舩坂酒造店の再生の事例の最大の特徴といえよう。それは有巣社長が，旅館の後継者として育ち，実際，いずれは本陣平野屋を含めた家業全体に携わると自他ともに認めているゆえである。蔵元の買収もまた，飛騨高山の観光促進を通じた地域活性化の，直接的なきっかけとして活用しているのである。

一方，全国を見渡したとき，観光地としての地の利に飛騨高山ほど恵まれた蔵元・産地は，ごく稀と考えられる。逆にいえば，全国の他の蔵元においては，たとえば①のアプローチによる販路拡大に特化することが，再生の方策として有力になりうる。これまで蔵元周辺の地域内消費に依存していた「地酒」が，例えば海外で脚光を浴び，輸出に重点を置くことも，物流（国際物流を含む）の改善を前提とすれば，決して不可能ではないのである。

4　中小企業と商学

以上本章では，わが国で商学が成立した当時の事情を簡単に振り返りつつ，商学の根幹をなしてきた商業・流通（論）と交通（論）を2本の柱とする「懸隔の架橋」の役割について論じた。その現代的な解釈として，飛騨高山における日本酒蔵元（舩坂酒造店）の再生の事例を通じて，商学の体系を観光や地域活性化にまで拡張するという展望を示した。

最後に，蔵元の事業を旅館が承継して再生を試みたという舩坂酒造店の事例に照らして，中小企業の事業承継に関する今後の研究課題を提示して，本章を閉じることとしたい。

関［2017］は，「事業承継が中小企業の最大の課題」であることを指摘している。舩坂酒造店の事例に見られるM&A（merger and acquisition：合併・買収）は，事業承継の有力な手法の1つであり，関［2017］に限らず多数の事例が紹介されている。もっとも，広く紹介されるのは成功例に偏りがちであり，失敗例が語られることは少ない。それゆえ，事例分析を積み重ねるのみでは，一般解の導出は極めて困難である。関［2017］の指摘も，こう

した現状を踏まえたものであろう。

　そのなかで藤野［2016］は，わが国の地方部において，積極的なM&Aによって多業種にわたるコングロマリット化を進めている経営者を「ヤンキーの虎」と呼び，ファンドマネジャーの立場から，その動向を分析している。都市部でベンチャービジネスを経営する「ベンチャーの虎」と対比させたこの表現が適切か否かは，議論が分かれるところである。とはいえ，舩坂酒造店の有巣社長もまた，藤野［2016］が呼ぶところのヤンキーの虎の雄なのかもしれない。藤野［2016］が紹介する事例は，製造業よりもサービス業の比重が高いように思われ，これは製造業の中小企業（いわゆる町工場等）におけるM&Aの難しさを裏打ちしている可能性もある。

　中小企業の事業承継というテーマは，本章で論じてきた商学の体系を，もはや超えてしまっているようにも思える。しかし商学は，これまた本章で論じてきたように，流通・貿易・物流・交通・観光・金融といった，広義のサービス業全般を包摂しうる研究・教育体系なのである。中小企業の事業承継というテーマもまた，特にサービス業に関しては，商学の体系を拡張した先にある研究課題と捉えるべきであろう。

（髙橋愛典）

付記

　本章の執筆にあたり，舩坂酒造店の有巣弘城社長・高嶋達也執行役員は，2018年2月に実施したインタビュー調査に，快く応じてくださった。調査には，同僚の井出文紀・大内秀二郎両先生がご同行くださった。これらの調査は，2017年度近畿大学経営学部教育改善プロジェクト「国際マーケティングに関する教育教材開発」の成果の一部であり，ほかにもいくつもの蔵元や自治体の皆様に，多大なご協力をいただいた。上記の方々に，この場を借りて感謝の意を表したい。

❖参考文献

有巣弘城［2017］「地の利を活かした経営戦略」岐阜県ビジネスチャレンジ支援セミナー（9月9日，ぎふメディアコスモス）講演資料。
石原武政・忽那憲治編［2013］『商学への招待』有斐閣。
伊藤康雄［1986］「地方清酒製造業界の現状と課題」『中小企業研究』第8号，96-143頁。
柏木信一［2015］「日本の商学・商学部のアイデンティティ・クライシス」『修道商学』第55巻第2号，175-198頁。
上林憲雄・奥林康司・團泰雄・開本浩矢・森田雅也・竹林明［2007］『経験から学ぶ経営学入門』有斐閣。
経済産業省［2010］「地域生活インフラを支える流通のあり方研究会報告書」。
経済産業省［2015］「買物弱者応援マニュアル（ver.3.0）」。
産業観光推進会議［2014］『産業観光の手法』学芸出版社。
関満博［2017］『日本の中小企業』中央公論新社。
髙橋愛典［2009］「ロジスティクス研究の方法に関する試論」『商経学叢』第56巻第1号，483-507頁。
髙橋愛典［2012］「ロジスティシャンを育てる学問体系とは」『流通ネットワーキング』第269号，75-79頁。
髙橋愛典［2014］「都市における「物流観光」の可能性」『都市研究』第14号，9-20頁。
髙橋愛典［2017］「少子高齢化と買い物弱者対策」塩見英治監修，鳥居昭夫・岡田啓・小熊仁編著『自由化時代のネットワーク産業と社会資本』第17章，八千代出版。
髙橋愛典・竹田育広・大内秀二郎［2012］「移動販売事業を捉える二つの視点」『商経学叢』第58巻第3号，435-459頁。
土井義夫［2015］「国内における観光と物流事業」畦地真太郎・米田真理・中垣勝臣編著『地域アイデンティティを鍛える』第4章，成文堂。
林克彦・根本敏則編著［2015］『ネット通販時代の宅配便』成山堂書店。
藤野英人［2016］『ヤンキーの虎』東洋経済新報社。

コラム5

磨き屋が地域ブランドになったいきさつ

磨き屋を3年やると家が建つ

「磨き屋」とは布や不織布でできたディスク上の「バフ」をモーターで回転させて、そこにコンパウンドを塗布して、ワークを手で「バフ」に押し付けて磨いていく加工をいう。燕市には昭和50年ごろの最盛期には1,700軒もの「磨き屋」がいた。その当時は金属洋食器や鍋など、地場産業の下請けとして数多くの磨き屋がいた。「磨き屋を3年やると家が建つ」と言われ、仕事はふんだんにあり、少ない設備投資で稼ぐことのできる「磨き屋」稼業はどんどん増えていった。しかしその後軒数は徐々に減少し、バブル崩壊の影響で平成4（1992）年から平成13（2001）年の間に約1,000軒から約600軒と40％近く減少した。

日本金属バフ研磨仕上げ技能士会と燕研磨工業会

昭和61年に設立した「日本金属バフ研磨仕上げ技能士会」と平成2年に設立した「燕研磨工業会」の2つの研磨業界団体を燕商工会議所が事務委託を受けていた。燕商工会議所の男子職員は商工会議所に入って10年くらいたつと事務局を担当するのが常だった。筆者も担当することになった。「日本金属バフ研磨仕上げ技能士会」とは、厚生労働省の技能検定をとった研磨職人の団体で、「燕研磨工業会」は燕市内の研磨業者から構成されており、2つの団体両方に所属する業者もいた。

iPodの研磨

iPodの磨きの依頼がアップルから直接磨き屋シンジケートに来たかのようにマスコミなどでは言われているが、それは違う。iPodの発売は平成12（2000）年で磨き屋シンジケートの発足は平成15（2003）年である。iPod

の磨きの依頼は燕商工会議所の元会頭企業である東陽理化学研究所の兼古社長から平成12年の夏ごろ，会議所に依頼が来たのだ。

「高野さん，このパーツを磨くことができる磨き屋さんを集めてください」とiPodの裏面の筐体のサンプルを会議所に持ち込んできた。燕研磨工業会のメンバーに募集して，サンプルを磨いてもらって，その中で合格したところが磨くことになったのである。最初にアップルが目を付けたのは磨き屋シンジケートではなく東陽理化学研究所なのだ。その後磨き屋シンジケートが発足し，さらに協力工場が増えていったというのが事実である。

磨き屋シンジケートを立ち上げるときにしたこと

研磨業者が共同受注するということは，とにかくどうやっていいのかわからなかった。その当時すでに，製造業で連携をして受注をしていた企業グループ（「NCネットワーク」，「京都試作ネット」，「ラッシュすみだ」，「アドック神戸」など）に，片っ端からどういうふうにやっているのか聞いた。

中小企業テクノフェアが東京で開催されており，「NCネットワーク」が出展していると聞き，話を聞こうと足を運んだ。ブースにいた方にいろいろ運営の仕組みを教えていただいた。ネット上で各社に直接依頼が行く場合と，NCネットワークが仕事をまとめる場合とがあるとのことだった。参考にはなったが，いずれのグループもメンバーの加工の工程が異なっているが，これから立ち上げようとする「磨き屋シンジケート」は同業者のグループであり，ちょっと違うなぁと途方に暮れて展示会場内を彷徨っていたところ「なんでも相談」という看板が目に入ってきた。私は藁にもすがる思いでそのブースに吸い込まれるように入っていった。そこは「中小企業振興公社」のブースだった。専門家派遣を申請し紹介されたのは中小企業診断士小島愼一氏。この小島氏から燕に来てもらい，プロジェクトは始まった。研磨業者に呼びかけ，当初集まったのは40社あまりだった。

まず，インターネットで共同受注するにはどうすればいいのか，研磨業者を集めてブレーンストーミングをした。口から出る意見はほとんどがネガティブな問題点ばかりだった。小島氏はそれを整理して3つに分類した。

「営業（＝販路開拓）」「受注者の決定と生産管理」「代金回収と責任の所在」。3つの分科会に研磨業者は分かれてほぼ毎週のように会議というかワークショップを行った。1つ1つの問題点についてどうすればいいのか話し合い，文書に落とし込んでいく。その作業を約1年間して作ったのが「共同受注マニュアル」である。「共同受注マニュアル」には最初に「地域振興に資する」「研磨業者の地位向上」「仲間の仕事は奪わない」と書いてある。これが磨き屋シンジケートの基本原則である。こうして平成15年の1月に磨き屋シンジケートはキックオフした。発会式のとき，磨き屋さんたちは泣いていた。「やっと俺たちの時代が来るんだ」と。

NHK「難問解決！ ご近所の底力」への出演

　平成16（2004）年12月にこの番組に出たことにより「磨き屋シンジケート」の名前が広まった。そのときにゲストコメンテーターとして出演されたのが早稲田大学の鵜飼教授だった。鵜飼教授は「番組の中では言い足りないことがあるから」と燕にも足を運んで講演会を開催してくださった。その後も，磨き屋シンジケートの「非常勤顧問」として折に触れメンバーの相談に乗ってくださった。

　同番組は，出演者のその後も取材するコーナーがあり，磨き屋シンジケートにも出演のオファーが来た。そのときちょうど初の自社ブランドであるステンレス製のビアマグカップの作成に取り組んでおり出来上がる過程を取材してもらった。内面の研磨の条件によってビールの味が変わることを発見し，どのような加工条件がいちばんいいのかサンプルをいっぱい作ってメンバーで集まっては飲み比べをした。そうしてやっと出来上がったのが初の自社商品である「ステンレスビアマグカップ」である。私は何とかしてこれを売り出そうと商品を持って営業するが，売れなかった。しかたないので磨き屋シンジケートのホームページで，自分で売ることにした。そうしたら在庫していた100個は3日で売り切れて，すぐに1カ月待ちになった。NHKにその様子が放映されて注文が殺到し，最大で2年待ちとなった。

　現在では金属製のビアタンブラーは燕の産業として成長している。磨き

テレビ放映で大人気となったビアマグカップ

出所:「ステンレスビアマグカップ製品詳細」磨き屋シンジケートホームページ。

屋シンジケートはじめ，さまざまな燕の中小企業が磨いたタンブラーを発売し年間の出荷額は20億円を超えるまで至った。

信頼に支えられ走る

　何も考えずに突っ走ってきたが，何とかなったのは研磨業者との信頼関係にほかならない。結成当初，一番恐い研磨職人から言われた言葉は今でも忘れない。「高野，なんでうちらがお前についていくかわかるか？　お前が汗をかいてるからだよ」。私は燕の企業を指導しているとか支援しているという意識は全くない。一緒にものづくりをし，世の中のいろいろな問題や課題に一緒に立ち向かっている。磨き屋シンジケートが成功したので「戦略がすごい」，「先見性がある」など言われることがある。ただ反射神経で動いているだけだが，常に全力疾走している。考えている暇などわれわれにはないのだ。

（高野雅哉）

第6章
日本の観光経済と地方遊園地の経営

1　日本の観光経済と地域観光戦略

(1) ツーリズムシステム

　観光活動は余暇時間活用の1つで，日常活動に対置する非日常活動である。また，人間のリアルな空間移動の集まりで経済活動に含まれる。これは人の移動とともにお金も移動するからであり，この，観光活動におけるお金の移動を観光消費（旅行消費）と呼んでいる。観光消費が観光者の日常の暮らしを営む定住地から離れて境界を越えて生じるとき，その地域の経済や産業にプラスの影響を与える。これを観光の経済効果[1]と呼ぶ。

　図表6-1に示すように，観光活動は発地側と着地側の双方から捉えなければならない。観光者は定住地を出発し，観光地へと移動する。そして観光地での滞在・回遊を経て，定住地へと戻ってくる。こうした特性から観光移

図表6-1❖ツーリズムシステム

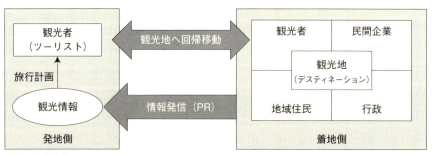

出所：筆者作成。

動は回帰移動[2]）に分類される。着地側にある観光地のことをデスティネーションと呼んでいるが，観光地を形成する主体として地域住民，民間企業，行政が中心的役割を果たすことが多い。ただ，最近では外国人観光者が新たな観光スポットを発掘する例も多くみられる。この場合，観光者自らが観光地を発掘し，SNSを活用して情報発信を行っている。観光活動は観光者の移動と観光地の形成と情報発信を好循環させていくことが必要である。

(2)観光立国の意味

　観光の語源は「易経」の一節の「国の光を観る」であると知られているが，最近ではこの語源を修辞して「光を見せる」とか「光らせる」などと表現している。観光立国という考え方は，2006年に「観光基本法」の改正により成立した「観光立国推進基本法」で明確にされ，観光が「国際平和と国民生活の安定を象徴するもの」として明記されている。2008年には観光庁が設置され，観光行政が本格的に展開されていくことになった。その後，2012年からの5カ年計画で「観光立国推進基本計画」がスタートし，後述するが日本のインバウンド観光は拡大方向へと進んでいくこととなる。

　観光で国を立てることは，国内に強い観光産業を持つことが必要条件である。通常，観光の強さとは3つの旅行形態，すなわち①国内旅行，②アウトバウンド旅行，③インバウンド旅行において，地理条件および季節に応じて観光客と旅行収入が平準化している状態を指す。過去7年分の日本のインバウンド旅行収入を四半期別に集計し全体に占める旅行収入比を調べてみると，第1四半期が21.4％，第2四半期が25.0％，第3四半期が29.8％，第4四半期が23.7％となっている[3]）。この結果からは，概ね日本の観光経済はバランスよく観光客と観光消費を実現しているように見受けられる。今後は全体的な底上げを図る必要がある。

　観光立国が目指すところは，①経済および地域の活性化，②日本人のアイデンティティの確立，そして③ソフトパワーの強化であるとされるが，そのためには観光の視点から国内の経済，産業，社会基盤を整備，構築することで，付加価値の高い，稼げる観光産業をつくることが求められるのである。

(3) 伸びる日本の国際観光競争力

国際観光競争力の現状を把握するために必要な指標を**図表6-2**に整理した。まず，訪日外国人旅行者（訪日外客）は2012年以降，過去最高を更新し続けている。2017年には約2,870万人を集め，2009年の約680万人と比べると約4倍の増加となっている。

次に外国人旅行者の消費については，外国人旅行者が日本で宿泊・交通・飲食・買物に費やす行為は輸出と同じで，外国人観光客が消費した金額は日本にとって外貨収入となる。逆に，日本人が海外旅行先で宿泊・交通・飲食・買物に費やす行為は輸入と同じになる。獲得した外貨は生活関連消費財や工業生産の原材料，加工機材などを諸外国から輸入にする際に必要となる。訪日外国人旅行者1人当たり消費額は，2015年の17万6千円をピークに減少傾向である[4]。旅行収支は旅行収入から旅行支出の差額である。2014年まで旅行収支は赤字が続いていたが，2015年から黒字に転換した。

観光競争力ランキングは世界経済フォーラムが発表する「旅行・観光競争力レポート」に基づいている。2017年の調査結果で日本は前回の9位から4位に上昇した。2015年調査からのスコアの上昇率で見ると，日本は6.18％で世界トップである。最後に，政府が掲げる目標値では，2020年に「訪日外国人旅行者数4,000万人，外国人観光消費額8兆円」となっているが，課題は約5万円の開きがある1人当たり消費額の増額である。

図表6-2 ❖ 日本の国際観光力指標

	2009年	2010年	2011年	2012年	2013年	2014年	2015年	2016年	2017年
訪日外客数 (単位：千人)	6,789	8,611	6,218	8,358	10,363	13,413	19,737	24,039	28,691
訪日外国人 旅行者1人 当たり消費額 (単位：円)	—	133,426	130,819	129,763	136,693	151,174	176,167	155,896	153,921
旅行収支 (単位：億円)	▲13,886	▲12,875	▲12,963	▲10,617	▲6,545	▲444	10,902	13,266	17,626
観光競争力 ランキング	25位	—	22位	—	14位	—	9位	—	4位

出所：日本政府観光局（JNTO）「訪日外客統計」，財務省「国際収支統計」，観光庁「訪日外国人消費動向調査」，世界経済フォーラム「旅行・観光競争力レポート」をもとに筆者作成。

(4)地域観光戦略の視点

観光戦略とは「付加価値の高い，稼げる観光産業を創るための国内の観光資源の開発・利用指針」である。日本人および外国人旅行者ともに，現在の観光戦略はリピーター対応として捉えていく必要がある。

そのためには移動頻度の高い客層を見つけることが重要である。具体的には，①移動コストは下げて，観光地での旅行単価を高くする，②域内の住民しか知らないスポットが世界的に有名になる動きに対応する，③観光的な価値を生み出し，感動を生み出す仕組みを作る必要がある（**図表6-3**）。

地域の観光産業を支援するために，支援機関は①観光的価値の発見・発信の仕組み，値段・単価を上げていく仕組みをつくる，②そこでしかできない地域の移動の価値の創出する，③外国人観光客・若者の趣味活動・マニアの行動を把握することも必要である。

このように地域資源をいかに観光対象に磨き上げていくかが求められるが，観光価値の壁を破ったケースもある。北近畿自動車道にある道の駅「但馬のまほろば」では，周囲の反対を押し切って免税店と仮検疫できるシステムを導入して，但馬牛の精肉販売を始めた。しばらくして外国人観光客が集まるようになり，現在では年間約7千万円の売上を実現している。

図表6-3❖地域・観光資源活用の仕組み

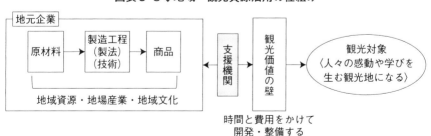

出所：筆者作成。

2　遊園地経営と遊戯施設メーカー

⑴遊園地・テーマパークの定義と分類

　経済産業省が公表する「特定サービス産業実態統計調査」の定義にしたがって遊園地とテーマパークの違いを整理する。遊園地とは，主として屋内，屋外を問わず，常設で有料の遊戯施設を3種類以上設置している場所である。テーマパークとの違いは，特定の非日常的なテーマに合わせた場内の演出を行っていない点にある。

　遊園地とテーマパークの分類は立地条件と場内の娯楽内容の特性によって決まる（図表6-4）。

　まず，立地条件は遊園地・テーマパークビジネスの成否を決める大きな要素であり，居住人口および交流人口ともに多い3大都市圏（東京圏，名古屋圏，大阪圏[5]）と人口減少が進む地方圏に大別する。平成27（2015）年の遊園地・テーマパークの事業所数は135事業所であり，その構成は3大都市圏に60事業所（44.4％），地方圏に75事業所（55.6％）である[6]。

　もう1つの娯楽内容については，単一テーマ型と複合テーマ型に分かれる。前者は，東京ディズニーリゾートのように1つのストーリーテーマに合わせ

図表6-4❖遊園地・テーマパークの分類

三大都市圏 × 単一テーマ型	三大都市圏 × 複合テーマ型
例）東京ディズニーリゾート（千葉県）など	例）ユニバーサルスタジオジャパン（大阪府）など
地方圏 × 単一テーマ型	地方圏 × 複合テーマ型
例）ハーモニーランド（大分県）など	例）ハウステンボス（長崎県）など

出所：筆者作成。

て，遊びが提供されている施設である。これらの施設では，そのテーマに強い関心を持つコアなファン層を中心にサブカルチャー化が進む。よって，そのテーマに興味がなければ楽しめる空間にはならない。後者は近年のユニバーサルスタジオジャパンが良い例で，もともとハリウッド映画の世界を表現した空間であったが，幅広い世代が楽しめる複合的なコンテンツを取り入れる戦略へと転換した。つまり，個々が楽しめる遊びの要素を複数取り入れている施設である。

(2) 遊園地のルーツと遊戯施設

遊園地のルーツは遊びの機能を備えた庭園であるプレジャーガーデンと言われている。プレジャーガーデンは17世紀のヨーロッパに広まり，人々は夏の午後と夜をそこで過ごしたようである。プレジャーガーデンで過ごす人々の楽しみは，花壇や小道の散歩，ボウリング，テニスなどのスポーツと娯楽であった。当時のプレジャーガーデンは，現代の遊園地のような家族そろって遊べる場所ではなかった。やがて，遊園地の健全化の動きがみられるようになり，遊園地が現代のような子供が楽しめる遊び場になるのは遊戯施設の設置が始まってからのことである（中藤［1984］）。先の遊園地の定義にもあるように，遊戯施設の存在は遊園地の楽しみ方を変えていったのである。

(3) 遊園地を支える遊戯施設メーカー

遊戯施設メーカーは現在の日本標準産業分類（平成25年10月改定）の中では「サービス・娯楽用機械器具製造業（小分類）」に該当する。娯楽用機械器具製造業とは，各種遊戯場で供されるアミューズメント機器，遊園施設機械，遊戯機械を製造する事業所のことで，家庭用テレビゲーム機は含まない。

戦前から現在までの主要な遊戯施設関連企業の変遷を**図表6-5**にまとめている。この分野は戦前期にアミューズメント産業の先駆者としてスタートした企業が中心となって，戦後の遊園地産業の全盛期を迎える時期に会社を法人化，あるいは職人が分社独立を経ているケースが多い。たとえば，黒木テック工業㈱（兵庫県伊丹市）は現在では数少ない国産の観覧車のゴンドラを製造する企業である。創業者の黒木恒氏は㈱岡本製作所で板金工をしてい

図表6-5❖主要遊戯施設関連企業の変遷

老舗企業（戦前～高度成長期に創業・設立）	新規参入企業（1980年代以降に創業・設立）
1906年　岡本娯楽機械製作所創業 （→1951年　㈱岡本製作所設立） （→1955年　明昌特殊産業㈱設立→1991年サノヤス・グループと合併し、㈱サノヤス・ヒシノ明昌→2012年よりサノヤス・ライド㈱） 1907年　朝日科学模型製作所設立 （→1970年　朝日科学模型遊園㈱に法人化） 1935年　東洋娯楽機械製作所設立 （→1984年トーゴに社名変更→2004年倒産） 1951年　三精輸送機㈱設立（→2014年より三精テクノロジーズ㈱） 1952年　佐伯工業創業（→1967年法人化） 1952年　黒木板金工作所設立 （→1969年　黒木テック工業㈱に法人化） 1958年　泉陽興業㈱設立 1963年　豊永産業㈱設立 1967年　ミゼッティ工業㈱設立 など	1988年　インタミン・ジャパン㈱（スイスのインタミン（1967年設立）の日本法人） 1990年　㈱シーキューアメニック設立（工事現場の仮設ハウスのレンタル事業からの展開、2000年代後半から遊戯施設再生事業も手掛けている） 1996年　ワック㈱（大型複合商業施設内のファミリーイベントやキッズアトラクションの企画・運営） 1997年　㈱ファーストニュー設立（レンタルCD、ビデオ店からの展開で、イベント遊具の企画・販売・レンタル） 2002年　朝日テック㈲設立（→朝日科学模型遊園㈱からの分社） など

出所：筆者作成。

たが、1952年に独立して黒木板金製作所を設立し、電気自動車のボディー製作を始めた。

　一方で、レジャーの多様化を追い風にして、バブル期以降に設立された企業の多くは本業からの事業転換や新規事業として参入するケースである。新規参入企業の中には、複合商業施設内の遊戯場や公園施設に多く見られる子供向けのエア遊具（フワフワやトランポリンなどの空気膜構造の大型遊具）の企画、製造、販売、レンタルを手掛ける企業も増えている。

(4)遊戯施設メーカーの集積状況

　『工業統計調査』を用いて娯楽用機械器具製造業の変化を見ていくことにしたい。まず、事業所の全体数は平成20（2008）年の842事業所から平成26（2014）年の638事業所へと24％減少している。このうち、従業者29人以下の小規模企業の割合が全体の約70％を占めている。

　次に、都道府県別では1位が愛知県の約30％、2位が群馬県の約13％と

なっているが，両県はパチンコ台の生産地として知られている。これまで遊園地の遊戯施設メーカーは関東・関西地区で存在していたが，関東の代表的な遊戯施設メーカーであった㈱トーゴが倒産してからは，関西地区の老舗メーカー中心の業界構造になっている。

(5)遊戯施設が持つ経営的機能

遊園地・テーマパークの遊戯施設は，施設運営の観点から大きく3つの機能を有している。1つ目は，集客装置の機能である。観覧車，メリーゴーランド，コースターからなる遊園地の3種の神器は遊園地のシンボルであり，新しい機種の導入は話題性が高く，多くの入場客を集めることができる。2つ目は，収益装置の機能である。新しい施設の導入には多額の投資資金が必要となるため，利用者から得られる料金収入はその機種の償却分と次の機種への投資資金となる。3つ目は景観装置の機能である。この機能は遊戯施設の形状や色彩を付加価値にして差別化を図り，集客を実現することが目的である。

たとえば，三井アウトレットパーク北陸小矢部（2015年7月16日オープン）の観覧車「ナナイロホイール」は，ゴンドラが「ショッピングバッグ」の形になっていて特徴的である。このアイデアは老舗遊戯施設メーカーの豊栄産業㈱（大阪市此花区）の提案で実現したもので，ロケーションの独自性を打ち出すために考案された[7]。

(6)遊戯施設の安全基準の厳格化

入場者にとって遊園地やテーマパークはスピードとスリルにあふれた非日常的体験ができる楽しさがある一方で，遊戯施設の安全性に対する不安も持ち合わせている。2011年から2017年までに発生した遊戯施設の事故は18件である[8]。事故が絶えないことは遊園地やテーマパークの経営にとって大きなマイナス要素である。

遊戯施設は建築基準法で「工作物」と位置付けられている。また，遊戯施設の安全基準は観覧車やコースターをはじめとした遊園地の乗り物の多くが昇降運動をするため，エレベーターやエスカレーターと同じ扱いとなってい

る。近年の事故多発を受けて,国土交通省は遊戯施設の安全装置に関する基準を厳格化する方針である。

その内容は,現行では遊戯施設の客席部分の身体保持装置について遊戯施設の速度や勾配に応じての設置を建築基準法で定めているが[9],近年の事故の状況や多様な遊戯施設が開発されている状況も踏まえ,遊戯施設の種類および速度・勾配にかかわらず,乗客に作用する各方向の加速度に応じて身体保持装置の基準を定めた「遊戯施設の客席部分の構造方法を定める件の全部を改正する件」(平成29年国土交通省告示第247号)を公示し,平成30年4月1日から施行している。

また,近年増えている商業施設内に設置される遊戯施設の安全性についても,経済産業省が2016年にガイドラインを公表している[10]。特に,エア遊具は子供に人気がある反面,子供の傷害原因にもなっている[11]ため,一般社団法人日本エア遊具安全普及協会では,安全講習会や安全管理士認定講習会を実施するとともに,風速基準のガイドラインを自主的に定めて安全運営に努めている。ますます遊戯施設の安全基準は厳しくなっていくことが予想され,特に地方の遊園地・テーマパークは,利用収入がなくても機種の検査費用を負担しなければならず,厳しい経営を強いられるだろう。

3　遊戯施設再生による地方遊園地の経営

(1)遊戯施設の再生事業モデルをリードする中小企業

遊戯施設の再生事業とは,閉園した遊園地に残された遊戯施設を新品同様にリニューアルし,再び国内外の遊園地やレジャー施設,商業施設などに販売・設置する事業のことである。この事業を1990年代後半にいち早く取り入れて,市場をリードしてきた企業が岡本製作所である。

図表6-5にあるように,同社は1906年「岡本娯楽機械製作所」の社名でスタートし,スマートボール,パチンコ,もぐらたたきなどのゲーム機を生産していた。創業者の岡本之治氏はアミューズメント産業の先駆者たちの1人に数えられる人物である(竹田［2002］)。

同社は1980年代以降の遊園地の市場縮小を察知し，遊戯施設の再生事業をスタートさせたが，閉園した遊園地の遊戯施設は複数のメーカーによって製造された施設が混じっているため，ほとんどの企業が他社製の遊戯施設を回収し，再生することを敬遠した。そのような状況において，同社だけが他社製の製品でもすべて回収した。なぜならば，同社独自の再生・整備ノウハウがあったからである。それは遊戯施設の構造，製造技術を知り尽くしていることが挙げられる。1つ間違えば人命を奪う遊戯施設は安全が最優先である。同社はねじ1本から取り替えて，新品同様に再生加工している。それに中古品であっても製品保証期間を1年間設けて，老舗メーカーとしての責任を果たしている。

(2)再生事業モデルの変化

　遊戯施設再生事業の元祖は岡本製作所であることを先に述べたが，現在では再生事業モデルに変化が起きている（**図表6-6**）。その背景には大きく2つの新しい動きが存在する。1つは，レジャー活動の多様化に伴い遊園地の進化型が登場していること。もう1つは，2000年代以降に遊戯施設の企画・開発，遊園地運営を新たな事業として参入・展開する新規参入企業の存在である。中には，岡本製作所の再生ノウハウを吸収してライバルとなった企業も含まれる。

　遊戯施設メーカーと遊園地の関係はテナントとデベロッパーの関係と同じであることから，もともと老舗遊戯施設メーカーが入り込んでいる観光地の遊園地に新規参入企業が遊戯施設の受注獲得・販売をすることは困難であった。

　そこで新規参入の遊戯施設および遊具の企画，販売，イベント企画会社は，老舗遊戯施設メーカーがすでに入っていて，仕事をとることができない遊園地よりは，ネットショッピングの台頭に対抗するべくショッピングモールに来店させるため遊具の導入を進める複合商業施設に営業活動をしていった。複合商業施設内の遊び場は買い物ついでに利用されることが多く，遊園地の進化型としてファミリーを中心とした世代に受け入れられている。

　こうした施設では体を動かすことをコンセプトにした珍しい遊具を設置，

図表6-6❖遊戯施設再生事業モデルの変化

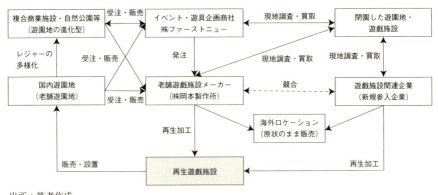

出所：筆者作成。

導入してくれることが多く，新規参入企業が仕事をとれる余地が生まれている。また，先に述べたように遊園地の遊戯施設は建築基準法で工作物と定められており，安全性の設置基準が厳しいことも新規参入企業にとっては障壁となっていた。つまり，新規参入企業とショッピングセンターとの間に生き残りの相乗効果が働いている。

(3) 再生事例：スマイルグリコパーク観覧車（楽天生命パーク宮城）

2004年に新規参入で誕生した東北楽天ゴールデンイーグルス（株式会社楽天野球団，以下，球団）は，参入当時からスタジアムそのものを楽しむ「ボールパーク構想」を持っていた。この構想は野球だけのコンテンツに頼ることなく「野球場に遊びに来て」というスローガンのもとで，いろいろな観戦シート[12]を提供していった。これに加えて音楽イベント，食のイベント，トレイン型の遊具などを次々と導入・実施し，野球場で半日遊べるというスタイルを広めていった。

本拠地の楽天生命パーク宮城（以下，球場）は県営宮城野原総合公園内にあり，球場と併設するスマイルグリコパーク（以下，グリコパーク）は2016年5月にオープンした。もともとグリコパークの敷地は公園内でもスギの木が生い茂った森林で，しかも公園のすぐ外側にはJR貨物ターミナルがあり，夜間は真っ暗で人が立ち入らない危険なエリアだった。

球場一体型の遊園地，観覧車の導入は2009年頃から計画され，観覧車の設置は収益強化というよりは景観としての話題性を狙ったものであった。観覧車はボールパークの象徴としての役割と他の遊戯施設と比べて飽きのこない施設として，他のコンテンツへの波及を追求したものでもあった。遊園地の併設と野球に限定しない観戦スタイルの2つのサービスは，球場全体の稼働率上昇に寄与し，今まで来ることの少なかった乳幼児連れの観戦客が増えるなど，2017年の球場の観戦者数は約167万人[13]で過去最高を更新した。

球団が考えるボールパーク構想の完成形は，地域に愛される球団になること，地域のアイデンティティとなること，そして地域のプラットフォームとなることである。ただ，当面の目標は試合がなくても人が集まる球場にすることにある。

図表6-7，図表6-8に日本初の球場一体型の遊園地に再生された観覧車とその再生プロセスを示した。観覧車の高さは36メートルで，ゴンドラは球団のチームカラー「クリムゾンレッド」が使われている。この観覧車は新規参入企業の㈱ファーストニューが球団から受注し，観覧車の骨組み部分を㈱岡本製作所，ゴンドラ部分を黒木テック工業㈱にそれぞれ発注した。老舗遊戯施設メーカーが新品同様に再生加工を施し，設置場所の基礎工事も万全に行い，安全面にも十分な配慮をしている。

図表6-7❖日本初の球場一体型の観覧車

出所：筆者撮影（2018年2月16日）

図表6-8 ❖ スマイルグリコパーク観覧車の再生プロセス

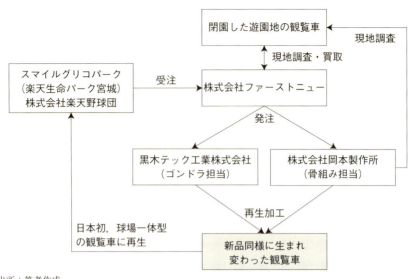

出所：筆者作成。

4　地方遊園地はどうやって生き残っていけばよいのか

　戦後の平和主義に後押しされるかたちで，遊園地は子供に夢を与える場所であり，遊園地で遊ぶ親子の光景はファミリーレジャーの代名詞となり，高度成長期までの遊園地産業は花形産業であった。

　ところが，1980年代に入り，東京ディズニーランドの開業とテレビゲームの登場によって，人々のレジャー活動は変化していった。そして遊園地は，経営母体の業績悪化によって目新しさの演出のための投資も行き詰まり，2000年代前半から徐々に姿を消し始めていった（白土・青井［2016］）。その跡地は商業施設，集合住宅，文化施設，教育施設などさまざまな活用法によって再開発されている。

　遊園地・テーマパークの市場規模は2000年が約3,000億円であったが，2016年には約6,600億円と約2倍強に成長した。この結果とは裏腹に，老舗遊園地や地方テーマパークは経営不振によって次々と閉園に追い込まれている。その最大の理由は入場者が集まらないことである。

2016年の遊園地・テーマパークの入場者数は8,039.2万人であり，前年比1.9％の減少となった。これは団体客が約8万人増加したが，一般客が約10万人減少したことが影響している。これに入園者数ランキングの結果を合わせてみていくと，地方遊園地の厳しい経営実態が浮かび上がってくる。

　平成27（2015）年の遊園地・テーマパーク135事業所のうち，上位10施設[14]で約5,734万人の入場者数があり，入場者全体の71.3％を占めている。残りの125事業所で約2,305万人を単純平均すると，1事業所当たり年間で約18.4万人となる。一般に小規模遊園地の経営維持には年間30万人の入場者が必要とされ，単純比較すると約12万人が不足していることになる。地方の遊園地は，年末年始の限定期間を除いて閑散期にあたる冬場（11月下旬頃）から春休み（3月下旬）まで閉園しているところが多い。よって，半年間の営業期間に入場者30万人の目標を達成するには，月に5万人（週に約1万人以上，または1日当たり約1,200人以上）の入場客を集めなければならない。これだけの入場者を満足させていくには，目新しさを打ち出し続けていかなければならない。しかし，そのための投資力は持ち合わせていないため，知恵と工夫で何とか集客をしていかなければならないのが実情である。そこに，比較的新しく，新品よりも低投資で導入できる再生遊戯施設は地方遊園地でも手の届く方法として，存続を支えていく役割を果たしていると言えるだろう。

　さらに，遊園地を舞台にユニークなアイデアで地方観光地のPRとして注目を集めたケースが，2017年夏，大分県別府市で開催された「湯〜園地」である。イベントの開催条件として，PR動画再生回数が100万回を達成したら実現すると市長が公言し，YouTubeを使って配信したところ，4日間で100万回再生を達成した。資金集めにはクラウドファンディングを活用し，公募開始から6カ月間で約8,000万円を集めることに成功した。このイベントでは，「遊園地と温泉の融合」をコンセプトに別府ラクテンチで3日間開催され，1万4千人が訪れた[15]。当初は，コースターの座席に温泉をためて，温泉に浸かっている状態でコースターに乗ることを目指したが，水の重みでオーバーランしてしまい，安全な停止ができないため，泡をためることで解決したという。

この事例が持つ意味は、ネットでは体験できないリアルの価値を実現したことであろう。ネットの価値は時間の制約を気にせずサービスを利用できるところにある。しかし、現場でしか体験できないリアルの価値（自然・歴史・文化資源）を地方観光地は磨き続け、観光価値を提供し続けていくことが求められる。

（竹田育広）

付記

　本章の執筆に際して、下記の企業の方々に取材協力をいただいた。この場を借りて御礼申し上げる。

株式会社岡本製作所（http://www.okamotos.co.jp/）
株式会社ファーストニュー（http://firstnew.jp/）
黒木テック工業株式会社（http://www.kurokitec.com/）
株式会社シーキューアメニック（http://www.cq-amenic.co.jp/）
スマイルグリコパーク（https://www.rakuteneagles.jp/event/smileglicopark/）
株式会社ナンダリーカンダリー

❖注

1）観光消費による経済効果は①所得創出効果、②雇用創出効果、③投資誘発効果、④租税公課がある。また、観光消費には経済効果だけでなく、人々のレジャーの多様化を生む結果につながる社会的効果、文化的効果（教育的効果、福祉的効果）、自然的効果もある。（塩田・長谷［1994］193-232頁）。
2）㈱ジェイアール東日本企画によると、移動行動は回帰移動と非回帰移動に分かれる。回帰移動のうち通勤・通学、買い物などの移動を日常移動、観光活動は非日常移動と定義している。一方、非回帰移動とは引っ越し、転勤・転職などの一方通行的な移動のことを意味している。
3）日本と似た平準的な結果は米国、中国でも確認される。第3四半期に突出しているのが欧州（フランス、スペイン、イタリア）、第1四半期に突出しているのがタイである。
4）2016年の地域別訪日外国人旅行者の1人当たり消費額は、アジア諸国で約14万7千円、非アジア諸国で21万3千円となっている（観光庁「訪日外国人消費動

向調査」）。
5）東京圏は東京都，神奈川県，千葉県，埼玉県。名古屋圏は愛知県，岐阜県，三重県。大阪圏は大阪府，兵庫県，京都府，奈良県。
6）地域別の割合は，東京圏22.2％，名古屋圏10.3％，大阪圏11.9％，北海道・東北11.9％，北陸4.4％，北関東8.9％，中国・四国8.1％，九州・沖縄12.6％である。
7）『アミューズメント産業』44(8)，2015年8月，11-13頁。
8）国土交通省の社会資本整備審議会昇降機等事故調査部会による取りまとめ結果を参考にした。
9）平成12年建設省告示第1426号
10）経済産業省「商業施設内の遊戯施設の安全に関するガイドライン（Ver.1.0）」2016年6月。
11）経済産業省の安全知識循環型社会構築事業の調査結果によると，子供の傷害原因は自転車（11.3％），遊具（10.3％）となっている。
12）野球観戦だけを目的としないさまざまな観戦シートの代表例がパーティーデッキで，球場の最上階にあって最大20～28名がバーベキューなどをやりながら利用できるスペースである。
13）楽天ゴールデンイーグルスのニュースリリース（2017年10月10日）を参照。
14）上位10施設は，東京ディズニーランド，東京ディズニーシー，ハウステンボス，サンリオピューロランド，志摩スペイン村，鈴鹿サーキット，よみうりランド，ひらかたパーク，としまえん，ツインリンクもてぎである（綜合ユニコム『レジャー産業資料』2017年8月号）。
15）『市報べっぷ』2017年9月号。

❖参考文献

白土健・青井なつき［2016］『なぜ，遊園地は子供たちを魅きつけるのか？』創成社。
塩田正志・長谷政弘編著［1994］『観光学』同文舘出版。
竹田育広［2002］「中小規模の遊園地再生のビジネスモデル—中小企業がリードする遊具機械のリコンディション市場—」『早稲田商学』第395号，早稲田商学同攻会，541-558頁。
中藤保則［1984］『遊園地の文化史』自由現代社。
観光庁「訪日外国人消費動向調査」
財務省「国際収支統計」
世界経済フォーラム「旅行・観光競争力レポート」
（https://www.weforum.org/reports/the-travel-tourism-competitiveness-report-2017）
日本政府観光局（JNTO）「訪日外客統計」
『月刊アミューズメント産業』45(6)，2016年6月号，アミューズメント産業出版

コラム6

革新の続く産業構造を生き抜く

CES2018から見えた産業構造の変化

　CES（Consumer Electronics Show）は，毎年1月，全米民生技術協会（CTA）が主催し，ネバダ州ラスベガスで開催される見本市である。通称「CES」（セス）。取引専門のショーであり，一般公開はされていない。ショーでは多くの新製品が発表され，プロトタイプが展示される[1]。

　この世界最大の先進技術の見本市は，ビデオテープレコーダ（1970年），レーザーディスクプレイヤー（1974年），コンパクトディスク（CD）プレイヤー（1981年），ファミリーコンピュータ（1985年），CD-i（1991年），DVD（1996年），HDTV（1998年），ハードディスクレコーダー（1999年），Xbox（2001年）など，時代を象徴するテクノロジーの創造とその破壊の現場となっている。このCES2018のメディアセッション等の内容を調べると，パラダイムシフトが見えてくる。

　注目すべきは，新しいテクノロジーやイノベーションを作り出す主導権が，はっきりと消費者ブランドから，いわゆるBtoBと呼ばれる裏方の企業に移ってきているということだ。例えば自動車業界であれば，ValeoやZF，Boschといったサプライヤーが次世代のモビリティ体験を生み出すべく，自動運転，コネクテッド，パーソナル，デジタルをキーワードに，さまざまなコンセプトを打ち出してきている。場合によっては自動車の車体のプロトタイプも作っているケースもある。

　家電系もまた然りで，テレビのブランドのTCLの成功の裏にはスマートTVプラットフォームのRokuの存在があったことが紹介され，サムスンはこれまでに投資，買収してきた複数のBtoB系スタートアップ企業が提供するハードウェアやインフラをつなぎ合わせて生み出されるサービスを紹介した。

　半導体業界において最強のサプライヤーであるIntelに至っては，その

キーノートのステージにて，データカンパニーへの転換を宣言した。そして，データとAI技術を活用することで実現可能なプロダクトのデモの一環として，AIロボットとのジャムセッションや，自動運転ヘリコプター，GPSなしのドローン100台をシアター内に飛ばすパフォーマンスを展開し，データビジネスの重要性と底力を見せた。

これは企業の立場になって考えてみると，たとえこれまでBtoBや下請け的な業種だったとしても，これからは最新テクノロジートレンドや，消費者の理解が非常に重要になってくるということがよくわかる。今まではOEM業者からの発注内容に合わせて要件定義をしてきたとしても，今後は自らが企画し，新しいサービスを自ら考えることで，提供先の企業の新たなビジネスモデルを創造するぐらいのクリエイティビティが必要となってくるだろう。

これは大きなシフトである。なぜなら，これまで何十年間も常識とされていた産業構造に大きな変化が訪れてきているということだからだ。おそらく今後は発注先の「指示待ち」企業はどんどん置いていかれることになるのだろう。

逆に新しいテクノロジーや体験を元に，コンセプトとプロトタイプをどんどん作れるサプライヤーには，OEM業者が頭を下げて「利用させていただく」時代も来るのかもしれない[2]。

世界のテクノロジーの潮流は消費者ブランドからベンチャー企業や下請け企業に移りつつあるとしても，日本において資金力に勝る消費者ブランドと呼ばれる大企業にベンチャー企業や中小企業が勝負を挑み，なおかつ持続的に成長することができるのであろうか。

筆者は鵜飼教授と共に2013年から早稲田大学で起業家養成講座Ⅰ・起業家養成講座Ⅱという講座を受け持っている。この講座はアントレプレナーに必要な企画構想・ディベート・プレゼンテーションなどの能力を鍛え，起業家精神を身につけると同時に有識者の体験談も交え，ビジネスプランを完成させるものである。この講座を担当し，さまざまな起業家と触れ合うことでの気づきを日本のベンチャー企業の雄，ソフトバンクグループを例にとり以下に述べる。

ソフトバンクグループから学ぶベンチャー企業の戦略

1　局地化・差別化戦略

　ソフトバンク社が携帯事業に参入する際，わが国ではNTTドコモ（以下，ドコモ）とKDDIのau（以下，au）の2社が覇権を争う状態にあった。当時，ソフトバンク社の行った最初の局地化・差別化は，シンプルではありながらも，とても大胆な低価格戦略であった。

　「ソフトバンクの低価格戦略」というと，2001年のYahoo！ BBが起こした，インターネット回線の価格破壊が有名である（当時，ADSL事業の多くが1.5Mbps接続で月額5,000円前後だったのに対して，Yahoo！ BBは8Mbps接続で月額約3,000円という低価格で参入した）。その後に参入したモバイル事業では，「通話0円，メール0円」，「端末全機種0円」などと訴求する広告を新聞などで展開し，多くの人たちに衝撃を与えることとなる。

　結果，消費者・ユーザーに対して「ソフトバンクは低価格」というブランド知覚価値をしっかり植え付けることに成功し，当時ドコモやauに完全に属さない（ロイヤルカスタマー化されていない）顧客からの流入を増やしていった。その後も，ソフトバンクの局地化・差別化戦略は続く。いち早く学生向けサービスの強化を行い，未成年層からの関心を勝ち取り，さらには2008年7月のiPhone発売からはiPhoneの拡販にリソースを集中させ，どのキャリアよりもいち早くiPhoneやスマホ市場に投資を集中特化した。このあたりからソフトバンクは「低価格」重視の局地化・差別化という世間からの評価から，「常にいち早く，最新のサービスや価値を提供する」企業としてのブランドが定着し，現在に至っている。

2　ベンチャー企業も成長すれば大企業となる

　局地化・差別化により急成長を遂げたソフトバンクグループ。このベンチャーの雄と誰もが認める大企業に弱点はないのか。連結子会社であるYahoo！事業を例に話を進める。

　ヤフー株式会社単体の事業規模は営業利益2,050億円，従業員数約5,800人（エンジニア3,000名），年間の販促費350億円（2016年）である。この

数字だけを見ると連結子会社とはいえ大企業であり，ベンチャーや中小企業では到底太刀打ちできないことは想像できる。しかし，ヤフーには100前後のサービスが存在する。単純に各サービスへ均等にリソースを割くとすれば，1サービスに対し従業員58人（エンジニア30人含む），販促費3.5億円という配分になる[3]。

　ソフトバンクが最も得意とし，成長のエンジンとしてきた局地化・差別化という弱者特有の戦略がとりづらい企業となってしまっていることが，前述の数字から想像できる。ベンチャーは1つのサービスに特化することから始まると考えると，ヤフーは大企業とはいえ戦力に関していえば，並みのベンチャー以下となるケースも生まれてくるだろう。

　ヤフーといえばヤフオク！を連想することはそれほど難しくない。このヤフーを代表するオークションを例にとる。2018年時点，オークションというサービスのヤフーの競合はメルカリである。2013年に創業されたこのベンチャーは，2016年（創業3年目）時点で125億円の資金調達に成功している。1つのサービスに対して割かれるリソースは，明らかにメルカリに軍配が上がるのではないだろうか。メルカリの売上は，2016年122億円2017年220億円と急成長を遂げている。オークションという分野において，スマートフォンというデバイスに特化し，使いやすさと利便性を徹底的に追求したメルカリは，ソフトバンクグループが得意とした局地化・差別化戦略というお家芸で追い詰めた典型的な例といえるだろう。

資本主義のエンジン「創造的破壊」

　本コラムでは，テクノロジー産業の事例として，ソフトバンク社Yahoo！BBが起こしたインターネット回線の価格破壊と，ヤフーのヤフオク！事業におけるメルカリとの競争を取り上げ，ベンチャー企業の戦略について考察した。

　世界のテクノロジーの潮流は消費者ブランドからベンチャー企業や下請け企業に移りつつあり，テクノロジーとのマッチングや戦略次第では，立場が逆転することも十分にありえる時代に突入した。過去のビジネスモデルの成功にあぐらをかいている企業に持続的な成長はありえないほどテク

ノロジーは進化し，イノベーションが起こりやすい環境は整いつつある。

　資本主義とは破壊の連続である。日々革新的な技術，新たなビジネスモデルをめぐって競争が続く。成長の原動力はイノベーションだ。起業家のイノベーションが生む創造と破壊，それこそが資本主義の生命力なのだから。

（村元　康）

❖注

1 ）weblio「CES」＜https://www.weblio.jp/content/CES＞2018年3月26日アクセス
2 ）Brandon K. Hill（freshtrax）＜http://blog.btrax.com/jp/2018/01/15/ces-2018/＞2018年3月26日アクセス
3 ）川邊健太郎　IVS（Infinity Ventures Summit）IVS 2017 Fall Kanazawa セッションIVS DOJO 2017 Fall Kanazawa（2017年12月13日）より

第7章
中小企業の海外展開
―外部資源の活用と海外拠点の成長―

1　中小企業とは何か―中小企業の見方―

(1)中小企業の定義を定める意義

　中小企業[1]とは何か，という問いはこれまで多くの研究者によって問われてきた。そもそも中小企業と大企業とを区別する必要があるのかということも考えられるが，多くの中小企業研究者がこの点について検討してきている。

　たとえば，滝澤［1996］は「貢献型中小企業認識論で述べたような『中小企業だけが』できる（または『中小企業の方が』大企業よりも良くできる）役割・貢献を明確に認識することが，基本的な重要性を持っていると考えられる。つまり，中小企業がそのような役割・貢献を果たすからこそ，大企業と区別して『中小企業』を認識する必要がある」[2]と述べている。また，植田［2004］も「中小企業を企業一般，あるいは大企業と区別して考えなければならない理由自体が中小企業研究の根拠であり，中小企業研究の一つの究極的な課題となっている」としている。

　このように，中小企業とは何かという問いに答える「中小企業本質論」研究が進んだが，中小企業本質論へのアプローチには，中小企業が持っている問題を重視する「問題型中小企業認識論」と中小企業が経済・社会において果たす役割や貢献を重視する「貢献型中小企業認識論」とが存在し，いずれかの認識論から中小企業とは何かという問いへの解を探るべく中小企業研究が進展してきた。

他方,学術的な視点からではなく,政策的な視点から中小企業と大企業を区別すべきとする見解もある。

中小企業はこれまで「低賃金基盤にもとづいて大企業が中小企業を温存,利用して資本蓄積を行う関係が軸となり,経済が再生産される」[3]という二重構造論[4]の下で大企業に搾取される弱い存在であるという見方があった。こうしたことからも,たとえば,清成[1997]は「通常は,相対的に規模の大きい企業群とのかかわりで,規模の小さい企業群に何らかの問題が生ずる。そうした問題を政策的に解決するために,中小企業の範囲を確定する必要が発生する。つまり,政策対象としての中小企業の範囲を明確にする必要が生ずるのである」と述べている。植田[2004]も「政策においても中小企業政策が独立した政策体系を持つ存在意義とも関係していく」と述べており,政策的側面からも中小企業を定義する必要性があると考えられる。

(2)経営学と中小企業

ところで,一般的に経営学においては,大企業を暗黙のうちに研究の対象として想定している。しかし,中小企業の事業活動を観察し,その経営行動や戦略などを分析する際には,中小企業と大企業とを区別することは重要なことであると考えられる。

というのは,「大企業と異なる中小企業のメリットもある」[5]ため,海外展開する中小企業を経営学的側面から捉えようとする場合においても,大企業を想定した既存の経営学の概念をそのまま援用するのでは十分とは言えない。というのも,「中小企業は大企業と異なる経営的特質を有しているし,また,中小規模なるがゆえに大企業と異なる問題を抱えて」[6]もいる。たとえば,中小企業は大企業と比較すると規模が小さいがゆえに経営資源上の制約も厳しくなる。つまり,大企業と中小企業とは異質な経営的特質を持っているということも踏まえて,中小企業の海外展開を捉える必要があると考えられる。

2 日系企業の国際化の進展と中小企業の海外展開にかかる課題

⑴日系企業の国際化の進展

　1985年のプラザ合意を受けて円高が急激に進むなかで，輸出だけでなく，海外直接投資が急速に進展してきた（**図表7-1**）。また，中小製造業に占める直接輸出を行っている企業の割合も増加傾向にある（**図表7-2**）。さらに，中小製造企業のうち海外子会社を保有する企業の割合が1994年の8.1％と比較して，2011年度には18.9％にまで増加しているし（**図表7-3**），直接投資企業数に占める中小企業による直接投資企業数の割合が，2001年に68.2％，2006年および2009年に70.6％，2014年には72.4％と増加している（**図表7-4**）。しかも，中小企業による直接投資企業数のうち，中小製造業の占める割合が，2001年に48.6％，2006年に50.8％，2009年に51.0％，2014年に50.8％となっており，中小製造業による直接投資企業数が約半分を占めている。

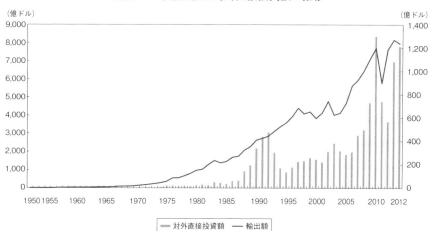

図表7-1 ❖ 輸出額と対外直接投資額の推移

資料：財務省，日本銀行資料よりJETRO作成。
出所：中小企業庁編［2014］。

図表7-2❖中小製造業における直接輸出企業数と割合の推移

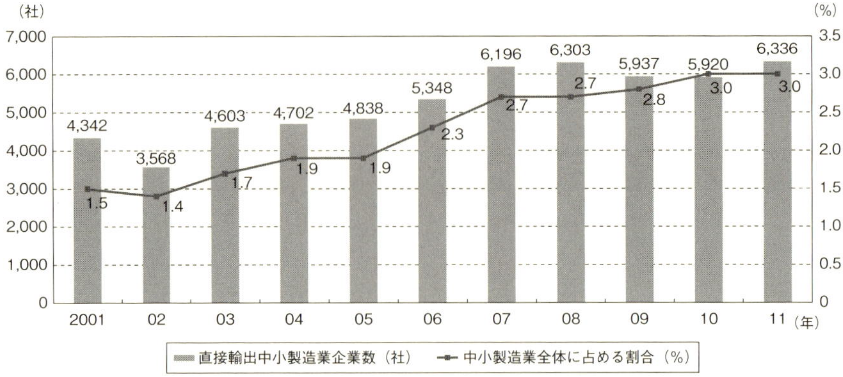

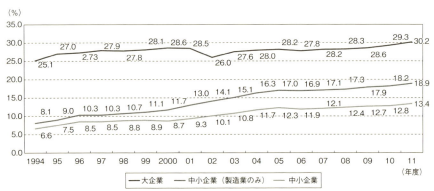

資料：経済産業省「工業統計表」，総務省・経済産業省「平成24年経済センサス―活動調査」。
出所：中小企業庁編 [2014]。

図表7-3❖海外子会社を保有する企業の割合の推移

資料：経済産業省「企業活動基本調査」。
出所：中小企業庁編 [2014]。

　これらのデータから，大企業だけでなく，中小製造企業の海外展開も近年進展しており，しかも，中小企業のうち中小製造業による直接投資数が約半数を占め，中小製造企業の2割弱が海外に子会社を保有していることからも，中小製造企業の国際化が進展しているといえよう。

(2)中小企業の海外展開にかかる課題

　データでみたように，日本の中小製造企業の海外直接投資を含め，日本企

図表7-4 ❖ 規模別・業種別にみた直接投資企業数の推移

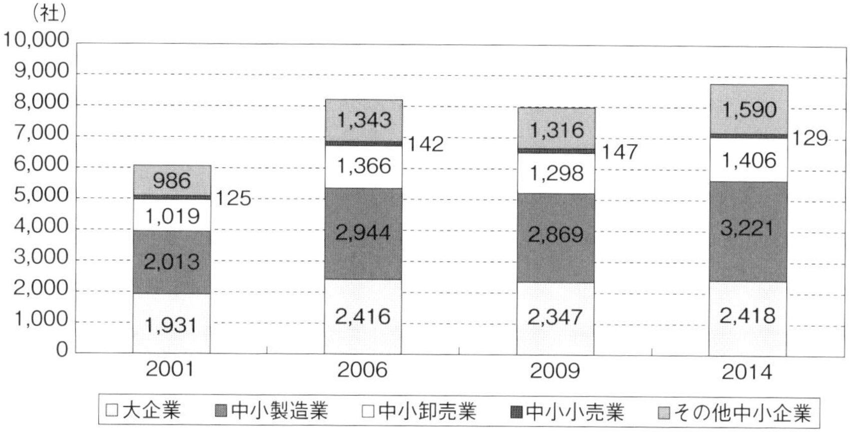

(社)

年	大企業	中小製造業	中小卸売業	中小小売業	その他中小企業
2001	1,931	2,013	1,019	125	986
2006	2,416	2,944	1,366	142	1,343
2009	2,347	2,869	1,298	147	1,316
2014	2,418	3,221	1,406	129	1,590

資料：総務省「事業所・企業統計調査」,「平成21年, 26年経済センサス・基礎調査」。
出所：中小企業庁編［2016］。

業による海外展開が進展している。他方で，中小企業は大企業と比較すると保有する経営資源に制約があるため，事業拠点の増加，しかも国境を越えた事業活動範囲の拡大は，生産，販売，人事等さまざまな経営活動における中小企業にかかる負担を増加させることにもつながる。

　さまざまな機関によるアンケート結果[7]を見てみると，「資金不足」「人材不足」「海外とのコネクションやパートナーの確保の問題」「言語の問題」など，海外展開に必要な現地言語，資金，人材，現地情報などの経営資源が中小企業には不足しており，そのことが海外展開していない理由であることが示唆されている。

　また，海外直接投資の成果に関しては，海外拠点の売上高が当初計画の水準に達している企業が過半数を超えており，予想以上あるいは予想通りの成果を上げているとの自己評価をしている中小企業が数多く存在するが，事前の予想通りには成果が上げられていないケースも散見される。

　ただし，海外直接投資は必ずしも海外拠点における直接的な成果をもたらすだけではなく，国内拠点へ影響を与えることがこれまでに示されている[8]。海外拠点が設置されたために，より高度で複雑なマネジメント上の課題や資金上の課題に直面することになる。他方で，生産機能における海外直接投資

を行った企業に関して,売上高や利益が増加したり,販売先が確保できたり,現地人材を確保・育成・管理できたり,海外展開を主導する人材が確保・育成できたりなどの企業の将来性に対するポジティブな影響もみられている。

3 中小企業の海外展開の実態

(1)グローバル化に伴う国内中小企業への影響

本章が想定している中小製造企業の事業分野である工業製品は一般的に,分業システムによって生産される。たとえば,大量生産される家電製品や自動車などは,最終製品を供給するアセンブリーメーカーと多くの部品供給メーカーとの分業によって,製品が完成する仕組みになっている。このような分業システムの中に,部品供給を行う中小製造企業が数多く存在する。日本の分業システムにおいては,最終製品を生産するアセンブリーメーカーと部品供給メーカーとの間に長期継続的取引関係が存在し,この長期継続的取引の下で迅速な意思疎通が行われ,納期や品質,コストの管理がアセンブリーメーカーと部品供給メーカーとの協調によって行われてきた。

しかし,大手企業の海外生産が拡大するとともに,日本の分業システムも変容してきた。アセンブリーメーカーの生産拠点の海外移転だけでなく,コスト削減を図るために部品や材料の現地調達率が高められることになった。その結果,日本の製造業における分業システムは,従来の日本国内にとどまらず,東アジアとの地域間分業へと拡大していくことになり,日本の中小製造企業は,国内のみならず海外の企業との競争も余儀なくされるようになった。

こうした動きに対応して,部品供給メーカーの中にも中国などに工場を設立するなど,海外展開を図る企業がみられるようになった。ただ他方で,すべての中小製造企業にとって海外展開が可能である,あるいは必要であるわけではない。一方で,国内にとどまりながら,厳しいグローバル競争の中,活路を見出そうとする企業が存在する[9]。国内の需要に応えることによって,海外からの需要にも応えられる可能性を持ち,中小企業の存続を図っている

のである。

　他方で，海外に活路を見出し海外展開に進む企業が存在する。企業の成長戦略の視点からは，立地の変更あるいは海外への展開も存続・成長の方向性の1つであると考えられるためである。

　とはいえ，中小製造企業においては，ヒト，モノ，カネ，情報といった経営資源における制約は極めて厳しい。また，経営資源の将来的な獲得を前提とした成長戦略の選択も容易ではない。というのは，近年の経済環境の変化は早く，製品のライフサイクルは短縮化され，需要は見る間に変化し，世界規模で発生する企業間競争がますます激しくなっており，事前に十分なビジョンと計画を立てたうえで，十二分な時間とコストを費やして新たな事業を展開するための戦略を実行する猶予はないのである。そのため，中小企業は不足する経営資源を補完するためにも，外部資源を柔軟に活用することが事業を存続，発展させる手段の1つとなりうる。

⑵外部資源を活用する[10]

　N社は，1955年に設立された油圧シリンダーメーカーであり，同社が開発・製造している油圧シリンダーの主要な取引先は自動車メーカーである。自動車メーカーは1980年代以降積極的に海外生産を行っており，同社はグローバル化への対応と顧客である自動車メーカー等の取引先の要求への迅速な対応を目的として，タイのアマタナコン工業団地に現地法人を設立した。その後，オオタ・テクノ・パーク（OTP）[11]の開設に合わせて第1号企業として入居した。3ユニットからスタートし，汎用シリンダー製造を中心としていたが，当初は日本本社工場で受注した仕事のコスト削減が目的となっていた部分も大きかったという[12]。

　E社は，1950年に設立された自動車および産業エンジン用パイプメーカーである。E社は，顧客である日系自動車メーカーに提供していた部品が，タイからの輸入品とのコスト競争に負けたことから「相当の危機感を抱いた」[13]ことをきっかけに海外展開を決め，2006年に開設されたOTPに入居し，海外生産をスタートさせた。

　両社は2006年に開設された賃貸集合住宅のオオタ・テクノ・パークへ入居

する形で，海外展開を進展させている[14]。「進出を希望しながら進出を断念されている企業は進出の最初の段階のノウハウがないのが理由。現地法人設立初期の不安な中で一定のサポートが提供されるのは有益」[15]とN社社長（当時）が言うように，N社やE社のような中小企業には，海外拠点を設置するのに必要な資金や現地言語や法律に長けた人材，海外で事業を展開するためのノウハウなどの経営資源が十分ではない。

そこで両社は，タイへの進出を企図する中小企業をサポートするために，大田区産業振興協会とタイの工業団地開発運営会社のアマタ社が立ち上げた共同プロジェクトであるオオタ・テクノ・パークへの入居を決めた。

OTPでは，33,600バーツの共益費[16]で，常駐の担当者によるBOI（タイ投資委員会への申請），法人登記等進出のための書類作成，会計，法務，物流，人材確保，オフィス家具の購入先，住居などの広範なサポートを受けられるうえ，会議室，駐車場，守衛室などの共有施設も利用できるため，中小企業にとって海外展開時の大きな障害となる情報収集や現地での手続きの問題などが解消できる。さらに，売上のめどが立たないなかで，負担となる間接費を削減することも可能となる。しかも，アマタナコン工業団地には日系企業が多数進出していることもあり，日系企業との公式，非公式なネットワークを通じた情報の収集やコミュニケーションが可能となるなど，地の利を生かした活動ができるのである。このような利点のある外部組織（資源）が提供するサービスをうまく活用することによって，タイ進出の第1歩とした。

(3) 販路を開拓する

大企業の場合，海外子会社の活動に対して日本本社による相応の関与が存在するのが通常のケースであり，またそうした海外拠点への関与が可能となる経営資源を保有している。企業規模の小ささは，一面では経営資源の制約による事業活動の拡大ないし展開に制約を与えるが，他面では，経営資源の制約がゆえに分工場，海外拠点の自立性を高める傾向をも併せ持つ。

実際N社においても，日本本社から派遣されているマネジャーに一任されており[17]，工場のオペレーションに加え，新たな販路の開拓などもタイ子

会社が積極的に行ってきた。

　1961年に創立した，プラスチック金型用特殊部品メーカーのF社もOTPに入居しているが，同社の製品の1つについては100％タイで生産されている。つまり，タイで設計から生産，品質管理までを自立的に行っているというのである。しかも，タイ工場では，日本では行っていない金型の調達も行っている。また，製品の仕様変更に伴って発生する金型を追加工したいというニーズに対応するために，金型のメンテナンスを行うなどタイ工場独自の取り組みも展開している。

　ところで，海外進出の所期の目的はコスト削減であることも多い。そうした目的での海外進出の場合であっても，事業の継続に伴い，新たな取引先の開拓など現地法人による積極的な事業運営が求められるようになる。F社では，タイでの生産をスタートさせてから10年ほどして品質が十分に安定してきた。そこで，2年ほど前から，製品のカタログ化を進めるなど，現地でのマーケティングを強化し，現地での新規顧客のさらなる獲得を図っている。さらに，タイ国内市場にとどまらず，中国市場を開拓する拠点ともしており，海外での販路の開拓を積極的に進めている。

　N社においても，タイ国内における新規取引先の確保だけでなく，タイという立地上の優位性を活用した取引先の拡大を求めて，タイ工場をASEANおよびインド向けの輸出拠点として位置づけた。

　インド出身の営業スタッフが，タイ拠点におけるタイ国内および周辺国での販路の開拓にも注力している。こうした展開によって「リーマンショック後の苦しい時期も，タイの生産子会社が，非常によく稼ぎ」[18]，「グループとしての利益確保」[19]に寄与するようになった。現在はOTPの賃貸工場スペースが手狭になったためOTPを卒業し，アマタナコン工業団地内に新設した自前の新工場に移転した。一定の設計機能も保有し，現地の需要に応えられる[20]レベルに達している。また，日本では行っていないメッキ塗布工程もタイ工場では行えるような設備を備えるなど，海外生産拠点であるタイ工場は現地の幅広いニーズへ応えることができるような成長を遂げている。

(4)海外拠点を育てる

海外展開する企業は，初期段階においては，本国において知識や技術が創造され，こうした知識やノウハウを海外子会社でも活用することによって，競争優位を構築するとされる[21]。そして，海外展開が進み，保有する海外子会社数が増加すると，本国親会社のみが知識を創造するのではなく，世界中の海外子会社が知識をいかにして獲得するか，そして海外子会社の知識あるいは世界中に存在する知識をいかに多国籍企業全体で活用するかが競争優位の獲得に関わるとされている[22]。

中小企業が多国籍企業のように，世界中に子会社を置き，ネットワークを形成して競争優位を構築するということは想定されない。しかし，経営資源の制約があるからこそ，親会社に依存し続けるのではなく，海外子会社が自立的に事業活動を展開することがより求められるといえよう。そのためには，現地子会社を育てる，あるいは現地子会社が学習して成長していく必要があるのである。

前述したように，N社のタイ工場では日本にはないメッキ設備を設置しているし，F社でも日本では行っていない金型のメンテナンスを行っている。海外拠点では当初，日本でのようにサプライヤーに依頼することが容易ではないということも1つの要因ではあるが，顧客の納期要求等に応えるため，また，新たな顧客を獲得するためというのが大きな理由であろう。

E社は現在，OTPを卒業し，OTP近くのアマタナコン工業団地内に拠点を移している。E社のタイ工場では，数年前から意図的に組織を改革していった。まず，5S（整理，整頓，清掃，清潔，しつけ）を工場内だけでなく，食堂を含む敷地内すべてで徹底した。また，GM（ゼネラル・マネージャー）を置かないフラットな組織をつくることによって，現地人従業員のモチベーションを高める組織構造にした。そして，プロモーションや給与などにかかる評価制度をわかりやすく，透明化することによって，現地人従業員が自身のキャリアパスを明確にイメージできるような仕組みとした。同時に，「（自分が）上になるには，下（部下）を育てる」必要があるということを説いた。というのも，一般的に海外では，部下や後輩を指導し，育てることは，ライバルを

つくってしまうことと認識されることがあるためである。こうした施策によって，同社従業員はモチベーションを高め，「いい会社」だと言っているという。

いずれの3社も，現地人従業員を大事に育てている。というのも，とりわけ中小企業にとっては，ヒトは最も重要な経営資源と考えられるからである。たとえば，N社は毎年，現地人従業員1人ひとりと話をじっくりとする時間をとり，不満や個人的な悩みにも耳を寄せるという。F社でも，従業員の不満や悩み，意見などを聞き，コミュニケーションを密にとっている。E社でも，上述のように，組織や方針の明確化などを現地人従業員に明示することによって，風通しの良い組織をつくり，ヒトを育てている。その結果，3社とも，一般的なタイにある企業と比較すると定着率が高くなっているという。従業員の定着率の高さは，技術や品質の安定という結果をもたらすものである。

要するに，ヒトを育てることが，工場のレベルを高めることになり，そして販路を開拓する1つの要因となり，結果として，現地拠点を成長させ，現地拠点の競争力を高めることにつながるといえよう。

(5)中小企業の海外展開と本社への影響（変化）

以上みてきたように，うまく外部資源を活用することが，中小企業の海外展開の1つの方途であると考えられる。すなわち，不足する知識やノウハウ，人材，資金等を外部組織から調達することによって，海外展開の第1歩を進めることが容易になる。進出後も，たとえば，東京都中小企業振興公社タイ事務所等が提供している人事・労務管理や会計のサポートやセミナーを利用することもできる。もちろん，そうした組織が必ずしも十分なサポートを提供できているわけではないかもしれないが，上述した企業もセミナーなどを利用しているという。

また，いつまでも「子」会社でいるのではなく，「自立」した子会社になることが中小企業の海外子会社には強く求められている。上述した3社とも，現地では，本社では行っていない仕事をしている。結果として，たとえば，N社は売上の面で本社にプラスをもたらすこともあり，「親孝行」の子会社となっているし，F社は，日本では生産していない部品を生産することによって，本社の生産システムに寄与している。また，E社では，タイで必要

な冶具(ジグ)を開発し，これを日本でも利用することによって，日本での仕事を容易にすることもできる[23]としている。

　今回取り上げた3社から，中小企業の海外展開においては，不足する経営資源を補完するために，柔軟に外部資源を取り込んでいくことが求められると考えられる。また，中小企業の海外展開にあたっては，国内拠点での技能や技術の高度化だけでなく，海外拠点における付加価値をより高めるような技能や技術，設備等が必要であり，それによって新規顧客の獲得が可能となって，「自立」した海外子会社と本社が有機的に結びつき，中小企業の成長へとつながるものと考えられる。

（清水さゆり）

付記

本研究はJSPS科研費70445873の助成を受けたものです。

❖注

1）中堅企業という言葉もしばしば用いられる。もともと「中堅企業」という言葉は，中村（[1972]，[1990等]）によって，①「巨大企業またはこれに準ずる大企業の別会社，系列会社ではなく資本的にはもとより，企業の根本方針の決定権を持つという意味での独立会社」で，②「証券市場を通じての社会的な資本調達が可能となる規模に達した企業」で，③「社会的資本を株式形態で動員しうるとしても，なおそれには制約があり，個人，同族会社としての性格を強くあわせ持」ち，④「中小企業とは異なる市場条件を確保し」，独自技術，設計考案により製品を生産し，それぞれの部門で高い生産集中度・市場占有率をもつ企業と定義されている。

2）滝澤［1996］31頁。

3）清成［1997］80頁。

4）その後，「賃金上昇率が高く，消費者物価上昇率も高く，かつ，経済成長率が高いという条件のなかで二重構造は解消」（清成［1997］）したという見解が次々と出された。1980年代になると，経済・社会の変化に対応する中小企業の役割が強調されるようになったり，ハイテク分野などで既存の中小企業とは異なる特徴を持つ中小企業などの登場によって，よりポジティブに中小企業をとらえ，経済発展に貢献する存在としての中小企業がクローズアップされるようになっている。

5）清成［1996］1頁。

6）清成［1996］1頁。

7）日本政策金融公庫総合研究所［2013］「日本企業の海外展開とその影響に関する

アンケート」や中小企業白書［2016］参照。
8）中小企業白書2014年版。
9）国内に立地しながら活路を見出した中小製造企業の事例については，清水・里見［2016］を参照されたい。
10）各企業の記述については，特に注のない限り，聞き取り調査をもとにしている。
11）OTPは，アマタナコン工業団地を運営するアマタ社が出資し，工場アパートを建設，OTPの運営サポートをアマタが行う一方で，大田区産業振興協会が中小企業の進出をサポートする形式をとっているため，大田区によるOTPへの出資は行われていない。OTPに関しては，主に山田［2009］，大田区産業振興協会［2014］，聞き取り調査をもとに記述している。
12）日刊工業新聞2011年6月27日。
13）日経ものづくり　2011年5月号
14）N社は，OTP入居前に取引企業の工場を間借りする形でタイへの進出をしている。
15）素形材通信　2006年7月1日。
16）タイ国内の平均的な賃貸工場のサイズは1,000～2,000平米であるが，OTPが提供する賃貸工場は，中小企業にとって適切なサイズと賃料となっているのも利点である。発注側の大手企業から数えると3次ないし4次にあたる大田区内の中小企業にとって，一般的な賃貸工場は大きすぎて無駄が多く，また賃料も高価である。一般的に賃料は面積が小さい工場のほうが単価が高くなるが，OTPでは1平米3バーツに設定し，1ユニット320平米，1ユニットの月額賃貸料は64,000バーツとしていた。
17）日刊工業新聞2011年6月27日付。
18）日経ビジネス2012年8月20日号。
19）山田［2009］112頁。
20）日経産業新聞2014年6月19日。
21）たとえば，Hymer［1960］，Wernerfelt［1984］，Praharad and Hamel［1990］，Bartlett and Ghoshal［1986］など。
22）Bartlett and Ghoshal［1989］，Birkinshaw and Hood［1998］，Doz, Santos and Williamson［2001］など。
23）日経ものづくり2011年5月号。

❖**参考文献**

Bartlett, C. and S. Ghoshal［1986］Tap your Subsidiaries for Global Reach, *Harvard Business Review*, 64(6), 87-94.

Birkinshaw, J. and N. Hood (ed.)［1998］*Multinational Corporation Evolution and Subsidiary Development*, New York, St. Martins Press.

Doz, Y., J. Santos and P. Williamson［2001］*From Global to Metanational：How Companies Win in the Knowledge Economy*, Harvard Business School Press.

Hymer, S.［1960］*The International Operations of National Firms：A Study of Direct Foreign Investment*, MIT Press, Printed in 1976.（宮崎義一編訳［1979］『多国籍企業論』岩波書店）

Prahalad C. K. and G. Hamel [1990] The Core Competence of the Organization, *Harvard Business Review*, 68, 79-91.
Wernerfelt, B. [1984] A Resource-based View of the Firm, *Strategic Management Journal*, 5, 171-180.
青木昌彦著，永易浩一訳［1991］『日本経済の制度分析―情報・インセンティブ・交渉ゲーム』筑摩書房．
浅川和宏［2006］「メタナショナル経営論における論点と今後の研究方向性」『組織科学』40(1)，13-25頁．
浅沼萬里［1983］「取引様式の選択と交渉力」京都大学経済学会『経済論叢』131(3)，99-124頁．
中小企業庁編［1996］『中小企業白書1996年版』大蔵省印刷局．
中小企業庁編［2010］『中小企業白書2010年版』日経印刷．
中小企業庁編［2014］『中小企業白書2014年版』日経印刷．
中小企業庁編［2016］『中小企業白書2016年版』日経印刷．
藤井辰紀［2013］「調査リポート　中小企業の海外直接投資の現状」『日本政策金融公庫　調査月報』No.59，4-15頁．
清成忠男［1996］「中小企業の学習の枠組み」清成忠男・田中利見・港徹雄『中小企業論―市場経済の活力と確信の担い手を考える』有斐閣，1-34頁．
清成忠男［1997］『中小企業読本（第3版）』東洋経済新報社．
公益財団法人大田区産業振興協会［2010］「城南地区ものづくり企業の広域展開調査報告書」．
公益財団法人大田区産業振興協会［2014］「大田区ものづくり2014―歴史と現状」．
中村秀一郎［1972］『中堅企業論（増補第二版）』東洋経済新報社．
中村秀一郎［1990］『新中堅企業論』東洋経済新報社．
関満博・加藤秀雄［1990］『現代日本の中小機械工業―ナショナル・テクノポリスの形成』新評論．
関満博［1993］『フルセット型産業構造を超えて』中央公論社．
清水さゆり・里見泰啓［2016］「グローバル化に対する中小企業の事業展開と地域の対応」高崎経済大学地域科学研究所編『自由貿易下における農業・農村の再生』日本経済評論社，273-297頁．
瀧澤菊太郎［1996］「中小企業とは何か―認識型中小企業本質論」小林靖雄・瀧澤菊太郎編『中小企業とは何か―中小企業研究五十五年』有斐閣，1-34頁．
植田浩史［2004］『現代日本の中小企業』岩波書店．
渡辺幸男［1997］『日本機械工業の社会的分業構造―階層構造・産業集積からの下請制把握』有斐閣．
山田伸顯［2009］『日本のものづくりイノベーション―大田区から世界の母工場へ』日刊工業新聞社．
吉田敬一［2010］「地域振興と地域内経済循環」吉田敬一・井内尚樹編著『地域振興と中小企業―持続可能な循環型地域づくり』ミネルヴァ書房，239-266頁．

第Ⅲ部

中小企業経営者とは何か

第8章
中小企業経営者の企業家精神

　日本の経済発展にとって中小企業を問題性のある存在とみる立場がある一方，経済発展に対して貢献があるとする見解があった。近年では，貢献型の見解が強まり，1999年の改正中小企業基本法は中小企業を経済活力の源泉と位置づけ，自立的に経営の革新に取り組む中小企業を支援する旨を謳っている。貢献型の見解が強まるとともに，経営の革新などに取り組む中小企業を支援する政策が国や自治体によって展開されている。本章では製造業の中小企業個々の具体的行動を捉え，それが経済発展にどのように結びついているのか，企業家機能という視点から考えてみたい。そして，中小企業が企業家機能を担っているとすれば，その本源はどこにあるかを探っていく。

　経済学の領域では不均衡から均衡に向かう市場プロセス，経済厚生を高める新しい均衡に向かう発展プロセスにおいて企業家が担う役割に注目した研究が重ねられてきた。これらの研究は，経済の動態の原動力として本質的な企業家機能を提示しており，本章ではまず，中小企業が市場経済の中での企業家機能を果たしているのか否かを考えていく。

　中小企業の多くは経営者が会社の所有者であるオーナー企業である場合が多い。代表者として経営上の執行権を持つだけではなく，株主として最終的な決定権を持っている。中小企業経営者は，運転資金や設備投資資金は経営者の個人資産を担保に調達するなどリスクも負っている。全幅の権限と責任を持つ中小企業経営者の意思決定はそのまま企業としての意思決定であり，企業の業績や存立は経営者の判断次第といえるだろう。中小企業が企業家機能を果たしているとすれば，それは経営者の経営姿勢や資質に拠るところが大きい。企業経営には不確実性が伴い，経営を続けるには経営能力とともに企業の維持発展に対する強い意思が必要になる。この中小企業経営者の意思

が，中小企業が企業家機能を担う原動力であり，その形成要因を明らかにしていく。

1 企業家機能とは何か

(1) 企業家論の変遷

　一般均衡論の世界では，経済は企業や家計の合理的行動によって需要と供給が均衡し，資源の最適配分が実現される。しかし，資本主義の下での現実の市場経済では不均衡から均衡に向かう市場プロセス，経済厚生を高める新しい均衡に向かう発展プロセスではさまざまな試行錯誤が繰り返されている。このようなプロセスの原動力は不確実性の下で利潤機会を求めて行動する企業家であり，経済学の領域では経済の動因となる企業家機能に注目した研究が重ねられている。資本主義社会の発展，経済学の潮流によって企業家機能をみる焦点は異なるが，市場経済の不確実性に着目し企業家論を初めて論じたのはカンティヨン（Cantillon）だといわれている[1]。資本主義の黎明期，カンティヨン［1931］は経済の中心に位置するのは地主であるとしながらも，市場を動かす原動力は生産，流通，交換を担う企業家だとしている。企業家を自分の労働とリスクで自由に活動し，一定の代価でものを産出あるいは仕入れ，一定しない代価でこれを売る不確実性の下で意思決定をする危険負担者として描き出している。その後，産業資本家が台頭する時代の企業家像をセイ（Say）［1803］が示している。栗田［1986］は，①生産における意思決定者，②資本調達，③情報収集，⑤均衡の破壊もしくは均衡を回復するイノベーションという機能を担う包括的な企業家像を提示しているとしている。

　ワルラス（Walras）を源流とする均衡論が主流になると，企業家の役割は姿を消す。均衡状態では完全情報の下で最適な生産要素の組み合わせが知られており，企業は生産可能曲線上の最も効率的な生産方法を採用し均衡価格で生産物を供給する。企業家は限界費用と限界収入を等しくなるように生産量を調整するだけになる。

　その後，経済学の本流を築いたマーシャル（Marshall）は不均衡論的視点

の下で経済の実像を反映した企業家論を展開した。池本［1984］は，大規模な産業や巨大企業が出現するなかで，マーシャルが企業家の役割を網羅的，また的確に捉え現代の企業家論に影響を与えていると評価している。マーシャル［1921, 1923］は，生産活動を需要に供給を適合するように調整するプロセスと捉えており，不均衡を発見し，イノベーションを伴いながら交換を仲介して不均衡を解消するのが企業家の役割と捉えている。同時に生産要素の仲介者としても企業家を捉えている。つまり企業を組織し運営して労働や資本を生産活動に結実するのが企業家の役割であり，企業に資本を出資し危険負担するのも企業家機能として捉えている。イノベーションは企業の中で組織的に遂行され，利潤機会を求めて連続的に行われていく。一般均衡状態では，経済の動因は未知の資源の発見など外生要因に求めるしかない。しかし，マーシャルは市場経済の真っただ中にいる企業家に経済の動因を求めたことで経済の動態を内生的なものにしたと考えられる。

　池本［1984］は，マーシャルの企業家論を基礎にいくつかの企業家論が生まれているとしている[2]。1つはカーズナー（Kirzner）の企業家論である。カーズナー［1973］は，不均衡の調整者として企業家を捉えている。現実の世界では，生産物に対する需要の存在や価格，生産要素の存在についての完全知識は存在しない。企業家の役割は，市場での競争プロセスの中で利潤機会を求めて他人の知らないアウトプットを見出し，未利用のインプットを発見しそれらを利用し尽くして利潤を得るのが企業家である。カーズナーは，企業家は，インプットとアウトプットの仲介者ともいえ，「機をみるに敏な洞察力（alertness）」が企業家の資質であるとしている。このような企業家行動が不均衡を均衡に近づける。カーズナーが想定する不均衡状態では，完全知識は存在せず企業家は目的と手段が自明ではないような状況で意思決定を下さなくてはならい。カーズナーの企業家論の根本には，不確実性の下での意思決定者という発想があり，カンティヨンとの接点と考えられる。

　ナイト（Knight）の企業家論もマーシャルを基礎にしていると池本［1984］はいう。ナイト［1921］は，市場経済における危険を商品が売れるか否かという生産物市場での不確実性に注目し企業家論を展開している。企業は，生産物市場の不確実性に対処するために組織されるものであり，危険を負いな

がらも資本を出資し企業を組織する行為を企業家機能としている。

シュムペーター（Schumpeter）は，マーシャルの企業論を批判的に捉えて純粋理論としての企業家論を展開する[3]。シュムペーター［1926］は，独占利潤が存在するときに経済は大きく発展するという見解の下に従来の均衡を破壊し，経済厚生の大きい新しい均衡水準に導くのを企業家機能とした。その企業家機能とは新結合であり，「イノベーション」あるいは「革新」の遂行である。そして，企業家の創造的破壊による生産関数の改変という経済の内生要因が経済の動因であるとし，市場経済による経済発展の可能性を示唆した。シュムペーター［1926］は，純粋理論における理念型としての企業家を描き，従来の財・サービス，生産方法，流通経路，調達，組織とは非連続な革新の遂行と新しい需要の創造を強調し，企業家は市場の競争からは超越した存在になっている。そのため現実感のない企業家像にもみえるが，革新を経済の動因とした視点は，企業家の重要性を改めて強調した見解と考えられる。

(2) 本質的企業家機能

時代背景によって企業家の捉える視角が異なり，強調される企業家機能も異なる。しかし，カンティヨン以来の企業家論をみると，企業家は利潤機会を求めて需要と供給を仲介し市場を動かすという捉え方が根本にある。仲介には不確実性があるため危険が伴い，その危険を負担するからこそ企業家たりえる。カンティヨンは，生産物市場での仲介に注目し，生業を興す個人も危険負担者と捉えていた[4]。その後，資本主義の発達とともに企業が生産物市場の不確実性に対処するために企業が組織されるようになると，マーシャルは，企業は生産要素を組織化したものであり，生産要素市場での需要と供給を仲介する役割も企業家機能と捉えている。そして，マーシャルやナイトは企業への出資者を生産物市場での不確実性に伴う危険を負担する本質的な企業家と捉えている。

需要と供給の仲介によって抜きん出た利潤を得るには，従来は知られていない生産要素の結合や生産物の供給が必要になる。この点を企業家機能として強調したのがカーズナーとシュムペーターの企業家論である。カーズナー

は不均衡状態のから均衡状態に近づける市場プロセスを担うのを本質的企業家機能と捉え，シュムペーターは従来の均衡状態から新しい均衡状態に導く発展プロセスを担うのを基本的企業者機能と捉えた。

カンティヨンから始まる企業家論が示す基本的企業家機能は，危険負担者，企業の組織者，不均衡の調整者，新しい均衡の創出者という4点に要約できる。この4つの機能は企業家とは何かを考えるとき，本質的な視座を与えている。

本質的企業家機能の中で，シュムペーターの新しい均衡の創出者とカーズナーの不均衡の調整者は対置して論じられる。シュムペーターの企業家は生産可能曲線を右にシフトさせ，均衡を創造する不均衡の調整者は生産可能領域内にある操業を最適化し生産可能曲線上にシフトさせる概念である[5]。シュムペーターの新しい均衡の創出者による非連続な革新の遂行と新しい需要の創造は，従来の均衡からより厚生水準の高い均衡に到達する間の不均衡をもたらす。カーズナーの不均衡の調整者では，競争の中で利潤機会を創出するため，潜在需要と未利用の資源を仲介して不均衡状態を均衡状態に導く。この均衡から不均衡への動きと，不均衡から均衡への動きは資本主義的市場競争メカニズムにおいては同時に存在する[6]。また，一般均衡は経済の最適状態を示した規範的なものであり，経済の均衡点を具体的に知るのは難しい。従来にない機能や品質を持つ財やサービスの供給を可能にし，新しい需要を喚起する。この企業家行動が無駄を解消し，本来あるべき均衡点に到達したのか，あるいはより厚生水準の高い均衡点を達成したのかを判断するのは難しい。ただ，どちらの場合でも新しい需要を創出し経済の動因となる。

(3) 中小企業の企業家機能

現代の工業製品は，多様な技術が複合して完成する。たとえば，2～3万点の部品で構成されるといわれる自動車はその典型例であろう。このような工業製品の開発，既存製品の機能や品質の向上により新しい需要を創出するには製品を構成する部品の革新が必要になる。また，生産技術や部品の加工技術の進歩も必要になる。このようにみると，新しい均衡の創出もしくは不均衡の調整は，最終製品メーカーだけではなく多くの部品メーカーが関わっ

て達成している。特定の企業あるいは企業家によって新しい需要が創出されるわけではなく，多面的に企業家機能が発揮されている。この中には工業製品の製作に不可欠な技能や技術をもとに部品を製作する中小企業が多く含まれる。これらの技能や技術自体は先進技術ではないが，日々の工夫の積み重ねにより漸進的に技能や技術を進歩させ独自の技術を確立する中小企業が存在する。

　中小企業とその経営者が企業家機能を果たしている例を挙げる。メーター類の目盛などのスクリーン印刷でスタートした新栄スクリーンは[7]，LEDを光源にスクリーン印刷を使って色や文字を鮮明に映し出すためLED発光の導光性，拡散性に優れた表示板の印刷法を確立した。この技術を使って自動改札機のICカードリーダーの標示器を開発し自動改札の実用化を可能にした。F１用レーシングカーのエンジン部品や一般車の試作開発用部品を製作するタマチ工業は[8]，独自の切削技術の下で高度設備を駆使して高精度なエンジン部品を製作し自動車の革新や改良に寄与している。タマチ工業はモータースポーツや試作開発の世界で確固とした地位を築くだけではなく，自社の加工技術をもとに収縮精度に優れたステントを開発し独占的に供給している。タマチ工業のステントの例のように加工技術をもとに最終製品を製作するケースではたとえば，川田製作所がある[9]。同社は切削技術を軸にさまざまな機構部品を製作していた。そこに電子制御を導入し動作精度の高い機構を持つ各種の生産設備を開発している。これには複合プレス，レーザー溶着，微細バリ取り，液体流量制御，ガスリーク検出など製品組立や部品加工の自動化装置，検査装置がある。組立工程や加工工程の中で自動化が難しかった作業の自動化を実現して従来はなかった領域での生産設備の需要を創出している。

　中小企業は所有と経営が一体になっている場合が多く，個人資産を担保に資金調達するなど大きなリスクも負って企業を経営しているのはすでにみたとおりである。中小企業とその経営者は革新者や不均衡の調整者として新しい需要創出の一端を担っているのとともに中小企業経営者は危険負担者とみることができる。小規模とはいえ会社を組織していることから企業の組織者であるといえるだろう。

2　企業家精神の形成要因

　さまざまな場面で企業家機能を発揮する企業や経営者の活動が束ねられて経済発展の原動力となる。その中には漸進的ではあるが創業以来の技能や技術を進歩させ会社の維持発展を図る中小企業経営者がおり，その内面には経営に取り組む強い意思がある。この意思は中小企業経営者を，企業家機能を果たす行動へと駆り立てる企業家精神ともいえる。企業家精神の形成要因を中小企業経営者が経営者として働くことや事業経営をどのように捉え意味づけているのかという観点から探る。

　なお，以下では経営者自身の欲求を満たすという観点から経営者の内面に抱いた働くことの目的や意味を労働観，事業経営の目的や意味を事業観と言うことにする。この労働観や事業観をもとに社会との関係から事業を眺め，社会における事業の正当性や価値を意義づけたものを価値観とし，価値観の正当性を裏付けるものを規範と言うことにする。

(1)労働観と事業観

経営者になる動機

　新栄スクリーンの代表者の鈴木正宏氏は，独立創業する以前にサラリーマンの経験がある。鈴木氏は，独立創業の動機を「人に使われるのが嫌だったから独立した」と語り，会社勤めは独立創業のために必要な技能や技術，また経営のノウハウを得るためのものだったという。日本の乗用車の草分けとなったオオタOS号を世に送り出した太田祐雄氏から数えて3代目にあたる太田邦博氏はタマチ工業を継いだ理由を「自分のなかには先々代，先代から受け継いだDNAがあり，家業に就くべき先々代や先代を尊敬しているから，先々代や先代が築いてきたものを受け継いだ」と語る。川田雅展氏は家業を受け継いで経営者になった動機を「自分の技術と判断でものを造ってみたかった」と語る。3人の中小企業経営者は元来，独立志向が強かった。独立志向の背後には，経済的動機があった。会社を興し経営者になれば，サラリーマンであるよりも大きな報酬を得る可能性もある。

しかし，オーナー経営者になると大きな利得と裏腹に生涯にわたって経済的リスクを負うことにもなる。中小企業では経営を続けるための資金調達の拠り所は経営者の個人資産であり，経営に失敗すれば個人資産を失うだけではなく借金だけが残るという状況にもなりかねない。このような経済的リスクを負ったとしても，誰に指図されるのではなく，自分の責任と裁量で事業を営み，付加価値を生み出すことによって自分の労働の価値を確認できる労働の主体者でありたいという気持ちが強かった。金銭的・物質的富裕を得るというだけではなく，生き方に関わるものも経営者になる重要な動機であった。

　経営者になる動機は，労働観と事業観に結びついている。労働観と事業観は，経営者になる動機と事業経営の意味を結びつけるものである。経営者になった動機を満たしながら家業の存在，経営者としての存在を確認できる意味づけとして，内面に抱いた自分の労働の目的や捉え方，事業の目的と事業経営の捉え方である。

労働観と事業観

　経営者になる動機には，経済的側面と労働の主体者でありたいという生き方に関わる側面があった。事業経営を続けるには，ものを造り売上を立て利益を得なくてはならないが，良いものを造ることに労働の意味があるという労働観を持っている。さらに，真摯にものを造り，弛まない創意を持って技能や技術の進歩に挑むのが使命であり喜びであるという気概を抱くようになった。良いものを造るという使命を果たせれば，自分の労働に価値があり喜びでもあるということである。この気概は中小企業経営者の自負心でもある。このような労働観は，事業観にも反映している。

　中小企業経営者にとって事業は一家の生計を立てるための生業であり，家業であるという事業観を持っている。一家が豊かな生活を送るため，企業経営から多くの所得を得るよう保有設備や従業員の能力を考慮しながら売上と利益の最大化を図る。そのために中小企業経営者自身も余暇を惜しんで働く。一層多くの所得を手に入れるために売上の増大や効率化を目指す場合もある。このようにして得た所得によって一家の生活の充足とともに事業の継続性を

高めるために資金調達の担保となる資産蓄積を図る。需要の高度化などに対応するため技能や技術の進歩が不可欠であり，新鋭設備への投資が必要である。そのような投資には，蓄積した資産をもとに積極的な姿勢で臨んでいる。しかし，規模や売上の成長を一義とするような冒険的な投資はしない。自分の家族と従業員の生活を支えながら，事業の次世代への承継を図るため継続性が重要という事業観がある。

経営者になる動機には労働の主体者でありたいという側面があった。そのために創業以来培ってきた技能や技術を基礎にして品質の良いものを造ること，創意工夫を重ねて，これまでにない新しいものを造ることに努めている。事業経営は，ものを造ることに対する気概を実践しながら自分の労働の価値を確認する営みとする事業観を持っている。

(2) 企業家精神の形成要因

事業経営に対する価値観と規範

中小企業経営者は，事業経験を通して経営者としての自負心も強め，労働観や事業観を明確にしていく。社会との関係から事業を眺め，自分が営む事業は社会の求める価値を生み出しているという社会における事業の正当性や価値を意義づける価値観を抱くようになる。価値観の規準となる規範も持つ。この価値観と規範は，取引先や金融機関，従業員，また地域社会などステイクホルダーとの関係を通して，自らの労働や事業の意味を探るなかで明確に意識するようになった。真摯にものを造り，弛まない創意を持って技能や技術の進歩に挑むのが使命であり喜びであるという気概を内包する労働観が昇華したものである。事業経営に対する価値観と規範は，事業の維持発展への意思の支柱になり，企業家精神に結びついている。

自分が思うように仕事がしたいと独立創業した鈴木氏は，創意を持ってスクリーン印刷の技術を活用しユニークな製品や高度なモジュールを世に送り出してきた。一時は事業の存続が危ぶまれる状況に追い込まれながらも，弛まぬ創意工夫によって収益性の高い企業へと立て直した。鈴木氏は「自分が造ったものは納入先，ひいては社会の役に立った」，「弱気になり廃業を考えもしたが，自分がやってきたことはまだいろいろな可能性があると思った」

と語っている。鈴木氏のものを造ることに対する気概とともに，スクリーン印刷という技術，あるいは事業が社会に対して価値があるという考えを語った言葉である。このような思いがアイデアを活かして販路を拡げた灯篭、スクリーン印刷技術を工夫して鉄道の改札の円滑化といった新しいサービス提供を要となった。鈴木氏は事業経営の変遷を振り返って，「『自分が思うように仕事がしたい』というのは大変なことだ。いつでも仕事のことを考えていていろいろなことを試すが，なかなか上手くいかない。でも，歯を食いしばって自分の思いを実現しようと思えばできるものだし，人に評価もされる」と語っている。自分が持つ技能や技術，あるいは自分が経営する事業が社会的にも価値があるのは，真面目に仕事に取り組んでいるからであり，技能や技術を進歩させるからだという考えを表している。工夫を続けて技術の進歩に努め，真面目に事業を経営しているから大きな利益を得ることができる。また，これが正しい儲け方だとも言う。鈴木氏は「人に評価される仕事をしていれば，会社を続けている意味はある」とも語っている。

　先々代，先代からDNAを受け継いだという太田氏は「会社を継続させなくてはならない。そのために次の世代のことを考えて新しい分野への進出を試みている」と語っている。「創業以来培ってきた技術をもとに自分の会社や自分が営む事業は，社会にとって価値のあるものであると思う。この思いは次世代にも引き継いでもらいたい」と家業に対する価値観を語り，思うように儲からないが，と前置きしたうえで「これまでノウハウを積み重ねてきた技術については，お客さんにも相応の対価を求める。事業を通して蓄積してきた資産は尊いものだ」と利潤や報酬の正当性を語る。そして「会社が価値あるものであるためには真剣に仕事に取り組み，新しい価値を生み出すために努力しなくてはならない」とものを造ることの気概と規範を語る。

　自分の技術で従来にないものを造りたいと経営者への道を選んだ川田氏は，切削加工に工夫を施してきた。生産効率を高めるさまざまな生産設備も考案し，製品化してきた。新しい加工法や生産設備の開発には試行錯誤が伴い，大きな失敗を経験する場合もある。しかしながら「納期に追われるのは大変だが，いろいろな技術を覚えて，新しいつくり方や製品を考え出すのは楽しいですよ」と語る。仕事に対しては「信頼を大切にし，価値あるものを最高

の品質で納める」のを信条にしているという。これらは，川田氏のものを造ることに対する気概を語った言葉である。川田氏の仕事に対する信条は，先代の川田昇氏から躾けられた態度であり，創業者の川田周三氏が昇氏に伝えたものでもあるという。

　川田氏は，家業に携わり家業の仕事の価値を実感するとともに，ものを造ることに真摯に取り組み，漸進的であっても技能や技術の進歩を図り経済情勢や需要の変化などに対応してきた創業者や先代に対して尊敬の念を抱くようになったという。そして，自分も真摯にものを造り，創業以来培われてきた技能や技術を進歩させる，それとともに新しい技術を取り入れて，これまでにないものを造ろうと思ったという。川田氏は「お客さんの生産効率を良くする生産設備を造りあげて喜ばれると，役に立ったと思う」，「さぼるとあまり良いことはない。失敗も多いが，祖父や父が築いたものを大事にして，自分が吸収した技術を使っていろいろな工夫をすると新しい仕事が舞い込んでくるんですよ」，と語る。これは，創業以来の技能や技術が社会に対して価値があり，新しい価値を生んできたという考えを語った言葉である。家業が社会的にも価値があるのは，真面目に仕事に取り組んでいるからであり，日々，工夫を重ねてわずかずつであっても技能や技術を進歩させるからだという考えを表している。「思うように儲けられないが，誰も真似できないような技術を考えて，金持ちになるのが理想です」と語る。これは自分の持っている技術をもとに，多くの利得を得ることができたとすれば，自分や事業の価値や存在意義の証になる，また価値あるものを造って得た利得は正しいものだという考えを表したものである。

　中小企業経営者が事業経営に対して持つ価値観は次のようにまとめられる。創業のときから進歩に努め培ってきた技能や技術は社会が求める価値を生み出す有用なものである。当然，その技能や技術を拠り所に営む事業も有用なものであり，継続していく価値がある。また，真摯にものを造り，価値あるものを供給して得た利潤や報酬は正しい，という価値観も抱いている。

　事業が社会的にも継続していく価値があるものであるためには，真摯にものを造り，弛まぬ創意を持って技能や技術を進歩させていかなくてはならない，という考えを持っている。この考えは，事業経営に対する規範であり，

事業が社会的にも有用であるという価値判断の規準になっている。

中小企業経営者の企業家精神

　中小企業経営者が持つ事業観には，事業を家族の生計を支える家業と捉え，規模的成長よりも継続性を重視する。規模的成長を目指さない経営は，停滞的なイメージをもたらすかもしれない。しかしその一方で，労働の主体者でありたいという独立心によって自分の資産を賭して事業経営をし，社会が求める価値あるものを造っているという自負心がある。この独立心と自負心は，「創業以来，培ってきた技能や技術は社会が求める価値を生み出す有用なものであり，その技能や技術を拠り所に営む事業も有用な継続していく価値がある」，「真摯にものを造り，価値あるものを供給して得た利潤や報酬は正しい」とする価値観と「真摯にものを造り，弛まぬ創意を持って技能や技術を進歩させていかなくてはならない」という規範に結びついていく。

　この価値観と規範は，経営者としての独立自尊の精神を表したものと考えられる。価値観と規範は，意欲を持って経営にのぞむ支柱になり，需要や経済情勢の変化によって存立が揺り動かされても，技能や技術の進歩を図り工夫を重ねて新しい受注を開拓して経営を立て直していく。経営環境の変化に受動的に対応するだけではなく，利潤機会を求めて主体的に製品や技術の開発に取り組んでいくことになる。このようにして経営を続けていくことが，危険負担者，企業の組織者，不均衡の調整者もしくは新しい均衡の創出者としての企業家機能を果たすことになる。中小企業経営者が企業家機能を果たす原動力となる企業家精神の根幹には，事業経験を通して内面に抱いた価値観と規範に表出した独立自尊の精神がある。

3　無名の企業家の生きざま

　企業家論のなかでもシュムペーターの企業家論は，卓越した評価を得ていると考えられる。シュムペーターは，革新を動機づけるものは私的帝国を建設する夢想と意志，勝利者意志，創造の喜びであり，権威に依らない指導力，さまざまな方面の人を惹きつけ説得する交渉力といった類い稀な精神的，肉

体的能力を持つ劇的な企業家像を想定する。森嶋［1994］は，「ワルラス流の完全競争の市場経済では，数多くの無名のプレーヤーの目立たない日常行動の集積によって経済が運営される。それはマルクス的な無名主義や大衆主義の世界である」としたうえで「シュムペーターの資本主義社会では，ただ者ならぬ企業者と銀行家が経済を引っ張っていくニーチェ的な英雄主義の世界である」という見解を述べている。

　現実の経済はシュムペーター的な資本主義社会ではなく，利潤機会を求めて試行錯誤する数多くの企業家が存在し，この企業家たちが担う企業家機能が束ねられ市場経済は動いている。そのなかには，事業を家業と捉え事業の継続を重視する無名の中小企業経営者が存在する。事業の維持発展のために価値あるものを創り出すことへと自分自身を駆り立てる企業家精神を持ち，本質的な企業家機能を担う中小企業経営者がいる。このような中小企業経営者が企業を所有し経営する目的は金銭的・物質的富裕さを手に入れるだけではなく，自分自身が思い描く生き方を実現するためとみることもできるだろう。中小企業のありようは，その経営者の生きざまを反映したものということもできるだろう。

（里見泰啓）

❖注

1) Hebert and Link［1982］翻訳書31頁を参照。
2) 池本［1984］は，カーズナー，ナイトの他にペンローズを挙げている。ペンローズの企業家論は経営者能力に焦点を当てており，市場経済と企業家との関わりをテーマとしていないため，この章では取り上げていない。
3) Schumpeter［1926］は，「企業者機能を単純に最も広い意味での経営と同一するマーシャル学派の企業者の定義」を承認できない理由として「われわれの問題とするところはまさに，企業者活動の特徴を他の活動から区別し，これを特殊な現象たらしめる本質的な点にあるのに対して，彼の場合にはこの点が多くの日常的事務管理の中に埋没している」と批判している（翻訳書上巻205-206頁）。
4) Cantillon［1931］では，医師や弁護士など現在で言う士業や床屋といった専門技能や知識を持った個人も企業家としている。
5) 安部［1995］219-221頁を参照。
6) 同上，221-223頁を参照。
7) 新栄スクリーンは東京都品川区で操業している。1972年の創業で自動車やオー

ディオ機器のメーター類，家電品の銘板などの印刷で経営基盤を築いた。現在の同社の概要はhttp://www.shineiscreen.com/を参照されたい。
8）タマチ工業は，東京都品川区に本社を置く。その歴史は1912年に太田祐雄氏が設立した太田工場に始まる。太田工場は飛行機エンジンを試作するほか，日本の乗用車の草分けとなるオオタOS号を製作した。現在の同社の概要はhttp://tamachi.jp/を参照されたい。
9）川田製作所は東京品川区で操業している。1953年に川田周三氏が創業し，オートバイ用ハブの製作で経営基盤を築いた。現在の同社の概要はhttp://www.kawata-factory.com/を参照されたい。

❖参考文献

安部悦生［1995］「革新の概念と経営史」由井常彦・橋本寿朗編『革新の経営史―戦前・戦後における日本企業の革新行動』有斐閣，214-216頁。
池本正純［1984］『企業者とはなにか―経済学における企業者像』有斐閣。
鵜飼信一［2007］「地域社会の小規模企業がものづくりを支える―生業資本主義の世界」『一橋ビジネスレビュー』第55巻第1号，東洋経済新報社，62-76頁。
栗田啓子［1986］「J-B・セイの企業者概念―革新者の出現」『商学討究』第36巻第3号，163-189頁。
根井雅弘［2016］『企業家精神とは何か―シュンペーターを超えて』平凡社。
森嶋通夫［1994］『思想としての近代経済学』岩波書店。
Cantillon, R.［1931］"Essai sur la nature du commerce en general" edited by Henry Higgs.（津田内匠訳『商業試論』名古屋大学出版会，1992年）
Hebert, R. F. and Link, A.N.［1982］"The Entrepreneur‒Mainstream View and Radical Critiques," Praeger.（池本正純・宮本光晴訳『企業者論の系譜―十八世紀から現代まで』HBJ出版局，1984年）
Kirzner, I.M.［1973］"Competition & Entrepreneurship," University of Chicago Press（田島義博監訳，江田三喜男・小林逸太・佐々木實雄・野口智雄訳『競争と企業家精神―ベンチャーの経済理論』千倉書房，1985年）
Knight, F.H.［1921］"*Risk, Uncertainty and Profit*," Houghton Mifflin.
Marshall, A.［1920］"*Principles of Economics, 8th ed.*," Macmillan.（馬場啓之助訳『経済学原理』東洋経済新報社，1965年）
Marshall.A,［1921］"*Industry and Trade*," Macmillan.（永澤越郎訳『産業と商業』岩波センター信山社，1986年）
Schumperter, J.A.［1926］"*Teorie der wirshaftlichen Entwicklung Munchen und Leipzig 2. Aufl,*" Dunker und Humblot.（塩野谷祐一・中山伊知郎・東畑精一訳『経済発展の理論』岩波書店，1977年）
Whittaker, D.H.［1999］"*Small firm in the Japanese economy*," Cambridge University Press.

コラム7

中小零細企業の人材育成法

人材育成の必要性

　私が今の会社に入社する前は，大手の菓子メーカーに勤務していた。中小零細企業との差はある程度予想していたが，あまりの違いに唖然としたものである。社員のほとんどは地元の定時性工業高校卒のヤンキーで，中学生の頃番長だった者が3人もいた。自分の仕事が終わると就業中にもかかわらず床屋に行ったり，昼休みに会社のハイエースの天井を駆け回り，ボコボコにしたり，作業場で肩と肩がぶつかるとすぐに喧嘩が始まるといった具合だ。

　さらに，バブル期後半とはいえ，人の出入りが激しく，募集してもなかなか人が集まらず，何かを教える前に辞めてしまうというような酷い状況で毎日が戦争だった。彼らを何とかしないと，という思いから人材育成を始めたのである。

人材育成をする前に

　ヒトを育成する前に自分が学ばねばならず，前職で学んだことに加え，さまざまな本を読みまくり，多くの勉強会に参加した。その結果「これは零細企業にきっちり当てはめるのは困難で，自社の社員に合致するように自分で作り上げないとならない」との考えに至ったのである。なぜなら社員の家庭環境など1人1人あまりにも違い過ぎて，納得させるのに一筋縄で行かないと悟ったからだ。一般常識の前に家の常識，自分の作った常識が大きく影響していた。自分で心掛けたのはまずは以下の3つのことである。

　①「ありがとう」「ごめんなさい」を社員に対してちゃんと言う
　②頼みごとをする前になるべく理由を言う
　③ルーティンを大切にする

①は，人間関係を壊す最も簡単なことが，それは「ありがとう」，「ごめんなさい」を言わないことであるからだ。②は，頼みごとをするのが，いつの間にか「命令」にならないように気を付けるためである。③は，毎日同じ挨拶を心がける。こちらの機嫌や状況で挨拶が変わると相手の社員もそれに合わせて挨拶を変えざるを得ないからだ。自分が毎日同じ挨拶をすれば，社員の挨拶の変化に気付くことができる。「昨日より元気がないな，家庭で何かあったのかも知れない，体調が悪いのかも知れない」などと感じることができる。また，私は毎朝6時に会社の近くの川沿いの遊歩道を30分間ジョギングしている。同じ時間に同じペースで走っていると，体調の変化に気づくことができるからだ。

新入社員の育成（業務内容　技術の習得）
　社内の決まりごとは最初にすべて教えないと，後からあれもこれもと小出しにすると，新入社員が非常に混乱してしまう。教え方，伝え方の方法は各社さまざまであるので，教えたこと，伝えたことを早く理解し実践してもらえるような工夫をご紹介しようと思う。
　①必ず達成できる課題を3つ与える。これは，自信をつけさせることに大きく役立つ。簡単だと思いながらも，課題をすべてクリアすると，達成感を味わうことができ，自ら次の課題を探そうとするのである。
　②新入社員に新たな業務を任せる場合，当然説明，教育訓練等を実施するが，弊社では100％任すことができるレベルの一歩手前で任せるようにしている。製造メーカーであるので，当然不良品を出すことは許されない。であるので，上司や指導員が見て見ないふりをし，いざとなったら手助けができる状態にし，不良品が発生しないように態勢を整えておく。すると，任された新人は最初は不安がるが，自分を信頼してくれたことを前向きに捉え，自らどんどん学ぼうとし始める。
　③話し相手をすぐにつける。大企業は新入社員を一度に何百，何千人も採用するので，いわゆる「同期」という仲間が大勢できる。しかしながらわれわれ零細企業の場合，毎年の採用人数が1名であることも少なくない。社会に初めて出て働く際に，新しい職場に移った際に同じ

ような年齢の同期がいないのは不安である。そこで，新入社員に「トレーナー」（指導員）をつける。トレーナーは業務や技術的なこと以外にも，何でも話せることができる環境をこちらから作ってしまう。トレーナーの人選は結構重要だ。同じ部署の上司だとそのトレーナーと折り合いが悪くなると辞めてしまう可能性があるので，必ず違う部署から選任する必要がある。さらにOJTシートを作成し，交換日記のようなものを毎日書かせ，トレーナーが感想を，さらに私が感想を書くと言う具合に。段々慣れてくると業務以外にも，「今日，斉藤さんが自分のタバコ黙って吸いました。」等が書かれてくるようになる。トレーナーは「私が注意しておく」と感想を。私は「現場を見たわけではないので，トレーナーに注意して見てもらうようにします。目撃したら厳重注意する。今日はこれで我慢してくれ」とタバコを1カートン渡した。不満やヒトに言えない，相談できないことが溜まってしまうと退職などにつながってしまう。

人材育成術

社員はヒトとしてどこに出しても恥ずかしくないように社会性をちゃんと持ち，常識ある行動をして欲しいと常々思っているので，一般常識の教育にも熱心である。

① たとえば挨拶をちゃんとさせようと思ったら，なぜ挨拶が大事かをきっちり説明し，納得させないといけない。ヒトがヒトにされて一番傷付くのが「無視」で，その反対のことをすればヒトは喜びよい気分になる。その基本の行動が「挨拶だ」というように。

② 新聞を読まない者は読んでも理解できないから読まないだけなのだ。だから用語の解説，説明を根気よく教える。すると段々書いてあることが理解できるので，すすんで読むようになる。弊社では現在日経新聞は取り合いになっている。

M君

あるとき，求人雑誌で社員を募集すると千葉県で有名な暴走族の元リー

ダーが応募してきた。ヤンキーは弊社にも大勢いるのですぐに採用。定時制に通いながら働いている者には学費を全額会社で支払うことにしている。一桁の分数の足し算引き算が全くできなかったM君に根気よく勉強を教え続けた結果，彼の通知書はほぼA。そして大学に行きたいと言い始め，専修大学の二部に進んだ。昼間は弊社で働き続けたが，4年生になると「先生になりたいです」と言い，彼は現在神奈川県の小学校の教師をしている。こん棒をチョークに変え一生懸命頑張っている。

人材を磨きあげるために

　人材育成に尽力し続けていると困った状況になることもある。今まで3名ほど取引先にヘッドハンティングされ，社員と仕事を失うことになった。しかしながら，外から見て欲しくなるような人材が豊富にいることは胸を大きく張れることだ。と自分に言い聞かせ，今も育成をしている。

　中小零細企業，特に町工場は毎日がドラマだ。町工場を題材にしたドラマが流行っているが，われわれからするとそれは決して作りごとではなく，日常的なことばかりだ。経営者の皆さんは，自分の社員を今すぐ褒めることができるだろうか？

　毎日向き合ってないと中々褒めることはできないものだ。ダイヤモンドはダイヤモンドでしか磨けないように，人は人でしか磨けない。

（深田　稔）

第9章
中小企業経営者のパーソナリティと企業行動・パフォーマンスの関係性

　本章は，近年研究において注目されている経営者のパーソナリティの議論を紹介し，中小企業経営者を対象としてその企業行動，パフォーマンスへの影響について議論したい。パーソナリティとは，「個人の考え方，感情，行動の傾向を説明する，その個人内部に存在する性向」と定義され，個人間の行動や考え方の違いを説明する1つの要因である。経営学の分野においても，認知科学や心理学のような個人に焦点を当てた学問領域の知見を用いる形で，企業の経営者，経営陣のパーソナリティに着目し，それにより企業行動，パフォーマンスを説明する試みがなされている。ここでは，それらの代表的な議論を紹介し，パーソナリティに関して中小企業経営者に対する実務的な知見を提供したい。

1　パーソナリティの代表的な次元と企業行動，パフォーマンスへの影響

(1)パーソナリティのビッグファイブ

　パーソナリティを含む経営者や経営陣の個人の特性，たとえば専門知識，学歴，年齢などの個人属性がもたらす企業の行動，パフォーマンスへの影響を分析する理論的視点はupper-echelon perspectiveと呼ばれている。この理論的視点はHambrick and Mason [1984] を嚆矢として以後も精力的に研究が続けられており，さまざまな経営者の特性と企業行動，パフォーマンスとの関係性が明らかとなってきている。いうまでもなく，経営者は企業において最大の意思決定の権限を持つ主体であることが非常に多い。意思決定にお

いて企業の内部，外部環境の状態を認知する際に，無意識的にも個人的な主観が入り込む。また，認知能力の限界から，個人はすべての事象に対して等しく注意を向けることはできず，既知のことや，情報処理がしやすく判断のしやすいことに注目してしまう傾向がある。これらの認知上のバイアスについては，個人的な特性の影響のもとに生まれる。結果として，企業の経営者の個人的な特性が企業経営に影響を与えることは不思議なことではない。たとえば，Bertrand and Schoar［2003］の研究によれば，投資，財務，組織での施策における企業間の差異について，経営者個人の特性により説明できる部分があることが実証的に示されている。また，MBAの学位を保持している経営者のほうが，より積極的に事業を展開する戦略を選択する傾向があることが見出されている。

さらに，この経営者の企業への影響であるが，企業規模に依存する。たとえば，いくつかの研究において，経営者交代後の企業行動・パフォーマンスの変化は，企業規模が小さい企業のほうがより大きいことが実証的に確認されている。これは，企業全体にかかわる戦略的意思決定のみならず，生産，財務，販売など経営にかかわるすべての意思決定を担当しているケースが非常に多い中小企業においては，経営者の特性の影響がより大きくなることは自明であろう。

この経営者の特性において，重要な位置を占めるものがパーソナリティである。パーソナリティの次元において著名なものは，ビッグファイブと呼ばれるものである。人間の性格は多種多様であり，1人として同じ性格の人はいないであろう。しかしながら，その多種多様な性格もいくつかの代表的な次元にまとめることが可能である。その中でも代表的なものがGoldberg［1993］によるものであり，人間のパーソナリティは5つの代表的な次元に分類し，それをビッグファイブと名付けており，それらは「協調性」，「勤勉性」，「情緒安定性」，「経験への開放性」，「外向性」の5つである。このビッグファイブは，傾向の違いはあっても，世界中の国，民族を超えて存在することが確認されている。本章の章末に，付録として，ビッグファイブを測定するための質問項目をつけたので，興味がある読者はぜひ自身のビッグファイブを測定してみてほしい。

「協調性（Agreeableness）」とは，周辺の人々と協調的に接する性向である。この協調性の数値が高い個人は，他者に対し親切で，他者の心情を理解し，同情しようとする。また，協調性の数値が高い個人は温厚で礼儀正しい傾向がある。この協調性であるが，実はチームのリーダーのパフォーマンスにはマイナスの影響を与えることが知られている。協調性が高いリーダーほど，チームメンバーとの和に重きを置きすぎ，仕事上で必要となる相手の意にそぐわない指示や議論ができなくなることで，パフォーマンスが落ちる。チームにとって協調は大事だが，過度に重視すると，互いに異なる意見を戦わせることで新たなアイデアを生み出すようなことができなくなってしまう。

「勤勉性（Conscientiousness）」とは，物事に熱心に，粘り強く取り組み，責任を感じて誠実に行う性向である。この「勤勉性」が高い個人は，仕事において高い目標を設定し，より集中的に高い努力水準を維持する傾向があり，仕事のパフォーマンスが高くなる傾向が知られている。また，一般的には，幼少期にこの勤勉性が強い個人はその後のキャリア上の成功をする傾向が高いことが知られている。勤勉性が高い個人はコツコツ目標を達成するための努力を続けるのであるから，幼少期からそれを続けるのであれば，長期的な成功に結び付くというのは至極妥当であろう。

「情緒安定性（Emotional stability）」とは，他者や物事に対して感情的に敏感には反応しない性向である。この概念は「情緒不安定性（Neuroticism）」の反対の概念である。情緒安定性が高い個人は，ストレスを生じさせるような他者からの介入や物事の発生に対して，簡単には動揺せず，不安を感じることはなく，些細なことでイライラしたり，怒ったりしない。この情緒安定性が低い個人はよりストレスを感じやすい傾向にあり，そのような個人がチームのリーダーになると，自分がストレスを感じるだけでなく，他のメンバーにも当たり散らすことで，チームとしてのパフォーマンスが下がる傾向があることが知られている。

「経験への開放性（Openness to experience）」とは，自身にとって新しい事柄に触れる機会に対してどれだけ積極的に得ようとするのかについての性向である。経験への開放性が高い個人は，好奇心が高く，想像力があり，新たな体験をすることを好む傾向にある。結果として，経験への開放性が高

い個人は一般的に学習意欲が高く,新しいことをすすんで学習する。また,そのような個人は創造性に富むため,より斬新なアイデアを積極的に生み出すことが可能であるため,創造力を必要とされる職種で高いパフォーマンスを上げる傾向にあることが知られている。

「外向性（Extraversion）」とは,自身の関心が自身の外部に向けられる傾向である。この外向性が高い個人は,社交的であり,他者との関係性の構築により積極的である。また,そのような個人はより口数が多く,明るい性格の場合が多い。人見知りなどとは無縁で,誰も知っている人がいない会合などに臆することなく向かい,見知らぬ人と仲良くなれるような人は,この外向性が高いであろう。このような傾向を持つため,外向性が高い個人は,より広い社会的なネットワークを構築する傾向にある。また,外向性が高い個人は,他者との関係を築きやすいことから,チームのリーダーに自然となりやすい傾向がある。

これらのビッグファイブであるが,各次元の高低により,個人のパフォーマンス,企業行動に影響があることが知られている。たとえば,Barrick and Mount［1991］の研究によれば,勤勉性の高い個人は,経営者,営業職,専門職など幅広い職種において,仕事の能力や研修による学習の程度,業績評価で構成される仕事のパフォーマンスが高い傾向にあった。また,他のビッグファイブの次元については,仕事のパフォーマンスとの関係性は職種により異なる傾向にあった。たとえば,外向性の高い個人は,他者との社会的な関係性が重要となる経営者や営業職では仕事のパフォーマンスが高い傾向にあった。また,経験への開放性と外向性が高い個人は,研修による学習の程度がより高くなることが確認された。

経営者のビッグファイブに着目した研究も多い。たとえば,Zhao and Seibert［2006］の研究は,自身で企業を興した起業家と,自身で企業は興さず経営者として雇われた者の間でのパーソナリティの違いを分析した。その結果,起業家は,雇われ経営者と比べて,①「勤勉性」「経験への開放性」「情緒安定性」がより高く,②「協調性」がより低い傾向がみられた。「協調性」が低い個人は,他者との軋轢を恐れない傾向がある。起業家は既存企業に挑み,衝突を恐れず価値創造を行うので,協調性が低い傾向を示すことも

納得できよう。

また，個人が自身で起業する傾向とその起業した企業のパフォーマンスに焦点を当てたZhao, Seibert and Lumpkin［2010］の研究によれば，個人の「協調性」を除く4つのビッグファイブの次元が高いほど，起業家的行動を起こし，企業のパフォーマンスが高い傾向があった。また，ビッグファイブのうち，「勤勉性」が最も強い影響を持っていた。これは，「勤勉性」の高い個人がより仕事に対しての努力をし，粘り強く真剣に取り組む傾向にあるため，そのような結果が直接的に起業における成功に結びついているのであろう。

(2) その他のパーソナリティの次元

パーソナリティの次元としては，先に挙げたビッグファイブが代表的なものであるが，他にも多々存在する。たとえば，「統制の所在」（locus of control）である。「統制の所在」はRotter［1966］により提唱された概念で，「自身の身の回りに起こる事象の結果について，どの程度自分自身でコントロールできるか」ということを表している。「自分ですべてコントロールできる」と信じている人，つまり内的統制型の人は，課題に対して自身の努力で解決できると考え，積極的に課題解決に取り組む傾向にある。また，自身の行動に関する良い結果も悪い結果も，その原因を内部，つまり自分自身の行動に求め，責任を負う傾向にある。一方，「自分でコントロールできることは何もない，自分の外部の存在がすべてを決めている」と捉える人は外的統制型であり，課題の解決に対して受動的である。また，行動の結果についても，自身の外，つまり自身の周りの要因に説明を求める傾向にある。企業の経営者であれば，この経営者の「統制の所在」により，企業経営に違いが生じることが見出されている。内的統制型の経営者を有する企業は，事業環境にかかわらず，革新的でリスクの高い戦略を選択する傾向が高いことが知られている（Miller, Kets de Vries and Toulouse［1982］）。また，Boone and Hendriks［2009］の研究によれば，経営陣のメンバーでこの「統制の所在」に多様性がある，つまり内的統制型の人と外的統制型の人が入り混じって存在している場合，メンバー間の課題の捉え方やその対応において齟

齟齬が生じ，企業のパフォーマンスが低下することが見出されている。

　他に，最近注目を浴びているパーソナリティとしては，ナルシシズムがある。ナルシシズムとは，「自身の能力や要望に対する過度な自己陶酔」と定義される。ナルシシズムが高い個人は，自己陶酔の程度が高く，自身の能力を過剰に評価する。また，そのような個人は自身の能力が優れていることを確認する機会を強く望む傾向がある。自身が関わる仕事の結果についても，「自分のおかげ」と考える傾向を持つ。

　このナルシシズムであるが，経営者のナルシシズムの高低により，企業行動に違いが出ることが知られている。たとえば，Chatterjee and Mabcrik [2007] によれば，よりナルシシズムが高い経営者が率いる企業ほど，より大規模で，リスクを伴う投資を行う傾向にある。合併買収についても，その数，規模も大きい。自身の能力が優れていることを過信し，また，目立つような行動を採りたいという性向の表れであろう。同じく，Chatterjee and Hambrick [2011] によれば，ナルシシズムの高い経営者は，企業のパフォーマンスが低い際にはそれに反応せず，既存のやり方を貫き，変革を行わない。また，メディアでの賞賛などの社会的な評価に強く反応する傾向にある。

　ナルシシズムの測定は，ビッグファイブのような質問項目での測定が可能であるが，公表資料を利用しての簡易的な測定も可能である。Chatterjee and Mabcrik [2007] では，たとえば「企業のアニュアルレポートやウェブサイトに，経営者の写真が大きく掲載されているか」「経営者単独か他の役員と一緒の写真が掲載されているか」「アニュアルレポートでの経営者の言葉に『私』と『われわれ』という表現のどちらが多いか」などである。興味のある読者は，自身の関心のある企業のアニュアルレポートやウェブサイトをチェックすることで，その経営者のナルシシズムを簡易的に判断することが可能かもしれない。

　ナルシシズムに関連するパーソナリティとしては謙虚さ（humility）が挙げられる。謙虚さとは，「自身よりも偉大な対象が存在すると自分自身を認識する傾向」という個人の性向である。この「偉大な対象」は，たとえば仕事であれば，上司，同僚，部下であったりする。謙虚さが高い個人は，何かを成し遂げた際に，自分の貢献を実際よりも小さく評価し，他者の貢献を大

きく評価する傾向を示すことが知られている。

　謙虚な経営者は企業経営にも影響をもたらす。たとえば，Oh et al. [2014] の研究によれば，中小企業を対象とした調査において，謙虚さが高い経営者ほど，部下に権限委譲を促し，経営者と従業員との一体感が生まれる傾向にあることを見出している。さらに，その一体感の高さは，従業員の仕事へのモチベーションや企業への感情的なコミットメント，パフォーマンスを向上させることにつながっていた。また，関連するOh et al. [2017] の研究によれば，より謙虚な経営者がいる企業ほど，従業員の離職が少ないことが見出されている。これらの研究から，経営者の謙虚さは，「自分の会社への自分の貢献は限られていて，従業員がいてくれることで成り立っている」という意識を経営者が持つことで，従業員もそれを意気に感じ，会社へのコミットメントを持つことで，離職率が下がり，パフォーマンスが向上するのであろう。

2　パーソナリティに関する経営者への実務的知見

　これらのパーソナリティの特徴としては，先天的に決定される部分が少なくなく，後天的な変化が限定的である点である。双子を用いた研究によれば，個人の性格のうちおよそ35〜49パーセントの変動は遺伝的に説明可能，つまり生来のものであることが示されている。この数値からみて，パーソナリティは環境，学習によって変化しうることが示唆されるが，必ずしもその変化の程度は一定ではなく，齢を重ねることにより小さくなる。結果として，ある程度の年齢に達している経営者のパーソナリティはおおよそ固定化されており，それを変化させることは難しいかもしれない。よって，仮に自身のパーソナリティを測定した結果，それが企業経営を行うものとして望ましいものではなかった場合，それを変えようとするというのは困難を伴うと考えられる。

　それでは，経営者としてパーソナリティをどのようにすればよいか。1つは自分と異なるパーソナリティを持った個人に経営での助言を求めることであろう。たとえば，意思決定において，右腕のような人物や家族など，自分とは異なるパーソナリティを持った個人からの意見を得ることで，自身の

パーソナリティでは気づけなかった物事の側面についての理解を得ることが可能となる。実際，経営者とそれを補佐する社員がチームとして，そのパーソナリティに多様性がある場合，より物事の見方に多様性が生まれることで，事業環境の鋭敏な判断やアイデアの創出が促進され，企業のパフォーマンスが向上することが実証的に知られている。自分に足りないものは，他者で埋め合わせる，というのが1つの方法であろう。自分とは異なる考えの人の意見に耳を傾ける，というのは当たり前でありながら，経営において有効であることが研究において示されている。

　もう1つの方法としては，自身のパーソナリティを測定して，それを意識して思考，意思決定を行うことも有用であるかもしれない。パーソナリティを数字で把握することは，他者との具体的な比較を可能にし，自身の思考様式や意思決定の性向を知ることが可能となる。人は誰しも自分自身のことは誰よりもわかっているつもりではあるが，実際には具体的にどの程度他人と違うのか，ということは測定しない限り把握が難しい。パーソナリティを測定し，その他者との差異を確認することで，自身の性向を確認できよう。そのうえで，経営者として望ましい行動，思考様式との乖離を無意識にしていないか確認し，慎重に意思決定することは有用であろう。

　自身のパーソナリティにより無意識に行われる行動，思考に逆らうことは容易ではないかもしれない。その際には，具体的な目標数値を決めて行動することが有用となるであろう。目標設定理論という，個人のモチベーションを説明する理論によれば，モチベーションは設定される目標の質により変化することが見出されている。やや達成に難しいと感じるぐらいの，明確な目標が設定されると，具体的な目標達成の方向性を考えることができ，結果として努力水準を高めることができる。たとえば外向性が低い経営者であれば，無意識のうちに知り合いとの会合ばかり優先し，異業種の経営者との新たな出会いが少なく，社会的ネットワークが広がらないかもしれない。そうであれば，明確に「月に4回は新たな異業種交流会に出席する」のようにやや困難かな，と思うような明確な目標を設定することで，それを達成するためのモチベーションが生まれる。

（山野井順一）

❖参考文献❖

Barrick, M. R. and Mount, M. K. [1991] The Big Five Personality Dimensions and Job Performance : A Meta-Analysis. *Personnel Psychology*, 44(1) : 1 -26.

Bertrand, M. and Schoar, A. [2003] Managing with Style : The Effect of Managers on Firm Policies. *The Quarterly Journal of Economics*, 118(4) : 1169-1208.

Boone, C. and Hendriks, W. [2009] Top management team diversity and firm performance : Moderators of functional-background and locus-of-control diversity. *Management Science*, 55(2) : 165-180.

Chatterjee, A. and Hambrick, D. C. [2007] It's All about Me : Narcissistic Chief Executive Officers and Their Effects on Company Strategy and Performance. *Administrative Science Quarterly*, 52(3) : 351-386.

Chatterjee, A. and Hambrick, D. C. [2011] Executive Personality, Capability Cues, and Risk Taking. *Administrative Science Quarterly*, 56(2) : 202-237.

Goldberg, L. R. [1993] The structure of phenotypic personality traits. *American Psychologist*. 48 : 26–34.

Hambrick, D. C. and Mason, P. A. [1984] Upper echelons : The organization as a reflection of its top managers. *Academy of Management Review*, 9 (2) : 193-206.

Miller, D., Manfred, F. R. K. D. V. and Toulouse, J.-M. [1982] Top Executive Locus of Control and Its Relationship to Strategy-Making, Structure, and Environment. *The Academy of Management Journal*, 25(2) : 237-253.

Ou, A. Y., Seo, J., Choi, D. and Hom, P. W. [2017] When Can Humble Top Executives Retain Middle Managers? The Moderating Role of Top Management Team Faultlines. *Academy of Management Journal*, 60(5) : 1915-1931.

Ou, A. Y., Tsui, A. S., Kinicki, A. J., Waldman, D. A., Xiao, Z. and Song, L. J. [2014] Humble Chief Executive Officers' Connections to Top Management Team Integration and Middle Managers' Responses. *Administrative Science Quarterly*, 59(1) : 34-72.

Robbins, S. P. and Judge, A. T. [1984] *Essentials of Organizational Behavior*. Pearson.（高木春夫訳『組織行動のマネジメント』ダイヤモンド社，2009年）

Rotter, J. B. [1966] "Generalized expectancies for internal versus external control of reinforcement". *Psychological Monographs : General & Applied*. 80(1) : 1 -28.

Zhao, H. and Seibert, S. E. [2006] The big five personality dimensions and entrepreneurial status : A meta-analytic review. *Journal of Applied Psychology*, 91(2) : 259-271.

Zhao, H., Seibert, S. E. and Lumpkin, G. T. [2010] The relationship of personality to entrepreneurial intentions and performance : A meta-analytic review. *Journal of Management*, 36(2) : 381-404.

付録

　以下の50の質問項目が，ビッグファイブの5つの次元を測定するためのものである。それぞれ10の質問項目が対応しており，回答は共通の（全くそうではない，そうではない，どちらでもない，そうである，全くそうである）の5段階である。「全くそうではない」が1，「全くそうである」を5として，10問の質問項目の回答の平均値がその次元の値となる（質問項目のうち，「R」とついているものは，6から回答の数値を引いたものを利用）。

　以下のそれぞれの文章について，あなたはどの程度当てはまりますか。各質問に対する一番適した答えを選んでください。
（1：全くそうではない，2：そうではない，3：どちらでもない，4：そうである，5：全くそうである）

Q1-10：外向性
Q1．盛り上げ役である
Q2．人と一緒にいると楽しく感じる
Q3．会話の際，私から話しかける
Q4．宴席でたくさんの様々な人と話をする
Q5．人から注目を浴びても気にしない
Q6R．よくしゃべるほうではない
Q7R．出しゃばらず，控え目である
Q8R．多くを語らない
Q9R．自身に注目を浴びることは好まない
Q10R．知らない人がいると静かになる

Q11-20：協調性
Q11．他人に関心がある
Q12．他者の感情に共感する
Q13．情にもろい

Q14. 他者のために時間を割く
Q15. 他者の感情を理解する
Q16. 人の気持ちを解きほぐす
Q17. 他者に非常に関心がある
Q18R. 人をけなす
Q19R. 他人の問題に関心はない
Q20R. 他人にほとんど関心がない

Q21-30：勤勉性
Q21. 常に用意周到である
Q22. 細部が気になる
Q23. 秩序を好む
Q24. スケジュールに従う
Q25. 仕事をきっちりやる
Q26R. ものを散らかしてしまう
Q27R. 物事を台無しにしてしまう
Q28R. 元の場所に物を戻し忘れることがある
Q29R. 自分のやるべきことを怠る
Q30. 雑用はさっさと片づける

Q31-40：情緒安定性
Q31. いつもリラックスしている
Q32. めったに落ち込まない
Q33R. すぐにストレスを感じる
Q34R. 物事を心配しやすい
Q35R. 気が散りやすい
Q36R. 些細なことで取り乱しやすい
Q37R. 気分の移り変わりが多い
Q38R. 気分の浮き沈みがよくある

Q39R. すぐにイライラしやすい
Q40R. よく落ち込む

Q41-50：経験への開放性
Q41. 語彙が豊富だ
Q42. 鮮明でありありとした想像ができる
Q43. 名案がよく浮かぶ
Q44. 物事をすぐに理解できる
Q45. 難しい言葉を使う
Q46. 物事を熟考することに時間を費やす
Q47. 発想が豊かである
Q48R. 抽象的な概念を理解するのが難しい
Q49R. 抽象的な概念を好まない
Q50R. 想像力が豊かではない

コラム8

町工場の挑戦

経営者としての原点

　株式会社浜野製作所は東京の墨田区で私の父が創業した会社である。父はプレス金型を製作しプレス加工も手掛けていた。私の経営者としての原点は，父に飲みに誘われ「ものづくりは誇り高い仕事だ」と言う父の姿を素敵だと感じたことだ。そのとき大学生だった私は内定先の商社への就職を辞め，家業を継ぐため板金工場に入社し修業を積むことにした。

　父が亡くなり家業を受け継いで7年が経ったとき，父が命をかけて私に譲ってくれた自宅兼工場や設備を貰い火で全て失った。私は家と工場が燃えるのを見ながら咄嗟に不動産屋に走った。事情を察した近所の元工場主がすぐに工場を貸してくれた。中古の蹴飛ばしプレスを買い仕事を再開しようとしたものの，客先から預かった金型は消火液で錆び，出火元の会社は倒産し補償金はもらえず資金繰りに窮して途方に暮れていた。このとき「金のために働いてるんじゃない」と毎日夜中まで金型を磨いてくれた現在の金岡裕之専務，社内を説得し発注を続けてくださった得意先の調達担当者，工場を貸してくれた元工場主など多くの方々に勇気づけられ，感謝の意を抱きつつ再起を決意した。このときの経験は経営者としての第2の原点である。そして，大きな転機となり，「『おもてなしの心』を常に持ってお客様・スタッフ・地域に感謝・還元し，夢（自己実現）と希望と誇りを持った活力ある企業を目指そう！」という経営理念を掲げ，さまざまな挑戦を続けている。

高付加価値化への挑戦

　創業者の父は，ものづくりに誇りを持っていた。私もこの誇りを受け継いで経営にあたっている。ただ，誇りはあっても下請企業の常として，た

とえ発注先から理不尽な要求があったとしても黙っているだけというところがある。そのため，ものづくりの価値が正当に評価されていないところがある。ものづくりの付加価値を高めるため，下請体質から脱け出して意見や提案をするような姿勢に改めるように努めている。

　高付加価値化という点からみると，開発・設計，試作といった上流工程を手掛けるほど高い単価や利益率をのぞめる。また，最終製品まで製作できれば受注の拡がりも生まれる。そこで，組立などプレス・板金加工の後工程を揃え開発・設計から組立・組込までの一貫したものづくりができる体制を整えた。工程の拡大はリスクも増えるが，新しい可能性を見据えて実行した。

　当社は電気自動車「HOKUSAI」，深海探査艇「江戸っ子1号」など，産学官連携プロジェクトに参加し推進してきた。完成の暁には商売になれば，という気がなかったわけではないが，社会にとって意義のあるものがつくれればよいという気持ちが強かった。それと，ものづくりに必要な加工技術はプレス・板金ばかりではなく，鋳造，鍛造，切削，研削，樹脂成型，表面処理，熱処理などさまざまな技術がある。「開発・設計から最終製品まで」を目指しているが，このコンセプトを身のあるものにするにはさまざまな技術やノウハウを持つ企業などとのネットワークを拡げることが重要になる。また，経営者も社員も皆が周りにある技術を知り，製品を開発し造り上げるプロセスを実感することが必要だと思い取り組んだ。この他にもいろいろな連携を模索している。たとえば，墨田区内のものづくりや歴史を資源に子供向けの職人体験ツアーを企画した。この企画によりJTBや墨田区内の中小企業と連携が実現，「アウト オブ キッザニアinすみだ」が実施された。当社は板金のメタルツリー製作プログラムを担当したわけだが，企画提案の成功体験をし，提案力を養われたのがこのプロジェクトの成果だった。

　以上，下請体質からの脱却，ものづくりの上流からのコミットメント，ネットワークの活用を高付加価値化の3本柱としてきた。これからもこれらの取り組みを通して新しい可能性を切り拓いていくつもりである。

都市型先進ものづくりへの挑戦

　浜野製作所は創業から40年が経った。それ以来，地域に支えられながらプレス・板金の技能や技術を高め，地域内外に幅広いネットワークを築き，お客様からの信頼を得て発展してきた。しかし，墨田区の現状をみると，多くのものづくり中小企業が姿を消しており，全国的にみても状況は同じである。われわれ中小企業はものづくりに不可欠な技能や技術を持っているが，それだけでは生き残れない時代になった。今後は小さな会社でも自ら情報発信力を持ち，さまざまな業界と連携して自ら仕事を創り出す必要がある。

　振り返ってみると，浜野製作所は高度な，また斬新な人材や知識が集まる東京で仕事をしている。3Dプリンターなどのデジタルファブリケーションを取り込み，高度な人材や知識とものづくりを結びつける実験工房を創ろうと考えた。折りしも，墨田区が空き工場などを活用し，ものづくりの新たなかたちを創出する事業者を対象に「新ものづくり創出拠点整備補助金」を公募しており，これに応募しGarage Sumidaを設立した。

　このGarage Sumidaを拠点に3つの事業を展開している。1つは斬新なアイデアの事業化を目指す起業家のためのスタートアップ支援，もう1つは一貫生産体制を活かしたものづくりトータルサポート事業，そして3つ目はテレビや雑誌などのメディアを通した情報発信である。スタートアップ支援では，たとえば，遠隔操作型コミュニケーションロボットで起業したオリィ研究所を支援している。当社が得意なものづくりだけではなく，できる限りアドバイスし支援した。このほか，次世代型風力発電機を開発するチャレナジー社への試作・開発支援やWHILL社のパーソナルモビリティWHILLの開発試作や量産試作などを支援している。トータルサポート事業では産業支援ロボットやニュートリノ観測機をはじめ500件以上の相談に応じてきた。なお，スタートアップ支援は人材育成や研究開発・事業開発支援を手掛けるリバネス社と提携し，起業家発掘・事業化促進支援プログラム「Tech Planter」のスキームと連動して進めている。この中で起業家を発掘するビジネスプランコンテストには投資家たちとともにテクニカルアドバイザーとして参画している。

実験工房として始まったGarage Sumidaも次第に成果が現れてきた。素晴らしいアイデアや知識を持つ人たちと当社のものづくりを結び，お互いにビジネスチャンスを拡げる好循環を拡げていきたいと思っている。

浜野製作所のDNAを伝えていくために

創業者である父は，ものづくりに対して誇りを持ち真摯に取り組んでいた。私は，そのような父を尊敬し，ものづくりに対する父の思いを受け継いで会社を経営してきた。父の思いは当社のDNAでもある。社員にもこのDNAを宿して誇りを持って仕事をしてもらいたい，主体性を持って働いてもらいたいと思っている。そこで，当社のホームページでは，1人1人が主役であるという思いを込めて社員全員を紹介している。また，経営会議などへの参加も促している。

ところで，中小企業の多くは家族経営で，どんなに素晴らしい技術を持っていても家族に後継者がいないと廃業してしまうケースが少なくない。このようなことは誠に惜しいことだと思いつつ，当社では他社との提携などを通して社員でもスムーズに次の経営者になれるような方策を模索している。そして，浜野製作所のDNAを末永く伝えていき，社会的価値のあるものを創り出し，造り上げていきたいと考えている。

(浜野慶一)

第10章
現代の経済学と中小企業

1 中小企業論と経済学

　わが国の学術研究における中小企業はいまや経営学の1分野として定着した感がある。戦後日本ではマルクス経済学的な視点に基づいて「独占的大企業による中小企業の搾取構造」に着目した研究が数多くなされた。そして1980年代後半から90年代になると，豊富な現場調査による知見に基づいて中小企業を主体的・自立的存在として捉える研究が鵜飼信一や関満博らによって切り開かれ，搾取関係を超えた新たな中小企業像が提示された。これによって90年代以降の断続的な産業構造の変化における中小企業の位置づけは，大企業との関係性だけではなく，中小企業の主体的な視点から形で捉え直すことが可能になり，地域振興など経済活動以外の役割も注目されると同時に，「どのような中小企業が活躍しているか，衰退したか」「いま中小企業が直面している問題は何か」といった，より経営学的な分析が蓄積された。本書を含めた現代の中小企業論は，社会科学であると同時に，産業政策担当者のみならず，中小企業を経営する当事者に有用なヒントを提供するという，新たな使命を帯びていると言えよう。

　本章は，そうした経営学的なアプローチからはあえて一歩離れ，経済学的な立場から経済全体の中で中小企業がどのように捉えられるかを紹介したい。ただし，ここでいう経済学とはかつて中小企業論の理論的支柱であったマルクス経済学ではなく，現在主流となっている，いわゆる「新古典派」の流れを汲む数理・統計を用いたミクロおよびマクロ経済学である。本章は中小企業の「実態」の記述はあえてせず，本書の他章と比べ，より俯瞰的な観点か

ら中小企業を捉えることになるだろう。

　ここでまず，経営学と経済学のアプローチの違いを，多少の不正確を認めたうえで簡単に述べておこう。経営学の分析対象は言うまでもなく企業であり，（規模にかかわらず）どのような企業が，どのように経営され，どれだけの業績をあげているか，を解明する。そこから導き出される結果は，究極的には「成功する企業を経営するためにはどうするべきか」のヒントという形で社会に還元される。この観点からは，たとえば「ある製品の独占企業として大きな利益をあげること」は最高の成果である。

　経済学にとって企業は市場，あるいは経済全体を構成する1つの要素であり，分析は主に市場の効率性（企業の利益のみならず，消費者がどのような便益を受けているか）や，経済全体の成長に向けられる。こうして経済学から生まれる知見は，「社会・経済の理解」そのものに貢献するか，主に政策担当者に対して，どのような政策がどのように市場の効率性や経済成長を助けるか，という知見として社会に還元される。この立場からは，たとえば独占企業は利益がどれほど高くても競争，ひいては効率性の阻害要因とみなされ，消費者の利害を守るための独占禁止法を始めとした競争政策による規制対象となる。

　もちろん，経済学でも独占が常に悪とされているわけではない。たとえばイノベーション促進のためには特許や商標権等によってある程度企業に独占的利益を与えることが経済全体の効率性や成長にとって必要であることは経済学でも長らく受け入れられていることではある。しかしいずれにしても「企業がうまくいくこと」を良しとする経営学と，「市場の効率性や経済成長」を良しとする経済学では自ずから企業に対する視点に大きな差があるのは必然であろう。そして，本書を含む現代の中小企業論に経済学というより経営学の色あいが強いことも，先に述べたとおりである。

2　経済学と企業規模

　実は標準的な経済理論においては大企業と中小企業の区別が全くない。大学で使われる経済学の主要な教科書では，企業の生産は「労働」と「資本」

に対して生産量が導き出される単純な関数関係（=「生産関数」と呼ばれる）で表され，企業は生産関数，製品の価格，労働の価格（賃金），そして資本価格（利子率）をもとに利益を最大化する数学的操作として表現されるに過ぎない。そこには社長も従業員もおらず，技能もなく，単に「労働投入量」という変数があるだけで，もとより企業規模という概念自体が出てこない。

1980年代後半から「企業の経済学」が大きな進歩を見せ，多様な人材と多様な有形・無形資産が複雑に相互作用し合う集合体としての企業の理解が経済学者の間においてもある程度深まったとは言える。しかしたとえば企業の経済学における「企業の境界」の理論では労働を含めた財やサービスの取引関係がどのような場合に企業内で行われ，どのような場合に企業外（=すなわち市場で）行われるのかが主たる問題意識であり，企業規模そのものが分析の主な対象になることはやはりなかったと言ってよい。経済学の究極的な対象が企業そのものではなく，市場の効率性や経済成長であるために，こうした企業規模を実質上無視した単純な企業観が受け入れられてきたと言えるだろう。

一方，この10～20年ほどの間に，とりわけ発展途上国の経済を研究対象とする開発経済学者の間，中小企業の位置づけや，企業規模別の政策の含意が強く意識されるようになった。発展途上国の多くが発達した金融機関や金融市場を持たず，ほとんどの企業は先進諸国の企業以上に資金調達の厳しさに直面している。企業が資金制約により「大きくなれない」なか，中小企業が雇用創出や経済の原動力としてどのように経済成長に貢献していくかが改めて注目されるようになったのである。

また，特に90年代以降，経済先進諸国でもIT産業の比重の増大，そしてこの分野の重要な技術革新の多くが小規模のベンチャー企業から生まれたことから，イノベーション・雇用創出機能としての中小企業の役割が経済学者の間でも強く認識されるようになった。経済学のデータ分析において，企業規模は創業や技術革新との動向との関わりから近年注目度を増しているトピックの1つである。

以下本章では，中小企業の経済成長への寄与，中小企業の資金調達，起業とその経済効果，そして中小企業政策について，経済学における比較的最近

の研究論文を概観しながら，中小企業が現代の経済学にどのように捉えられているかを紹介する。

　経済学の実証研究では，大ざっぱでも大規模なデータによる統計分析を強く求める傾向があり，詳しい聞き取り調査は顧みられないことが多い。読者の中には「経済学者はそんな当たり前のことをまだ調べているのか」とか「自分の見聞きした実情に全く合わない」と思われる方もいるかもしれないが，あくまで研究動向の紹介としてお付き合い願いたい。またその後に，こうした経済学の知見を中小企業論や中小企業にまつわる政策にどのように生かせるかを議論してみたい。

3　中小企業の経済への「貢献」

　わが国における企業の99.7％が法律で規定された中小企業であり，労働人口の7割以上が中小企業で働いている…という数字は，中小企業や中小企業政策の重要性を示す事柄としてしばしば引用される。しかし，経済学の立場からは，そのことが中小企業が経済のけん引役である，ましてや中小企業を支援する政策が必要である，と安易に結論付けることはできない。たとえば，極端に言えば，もし仮に大企業のほうが中小企業に比べて効率的な生産を行い，より効果的に雇用を創出し，経済成長を促す技術革新を行っているのであれば，中小企業は「望ましくない」企業形態となり，政策的にはむしろ「中小企業を大企業に成長させ，そうならない企業は廃業させる」ことこそが成長戦略にとって重要課題となるかもしれない。中小企業の経済への貢献を図るためには，より厳密な統計的手法が必要になる。

　ベックら（Beck et al.［2005］）は，日本を含む45カ国に及ぶデータを用いて，製造業における中小企業（250名以下の企業）で働く労働人口の割合が多い国ほど，1990年から2000年までのGDP成長率が高い傾向があることを示した。これは一見，中小企業セクターが経済全体の成長に寄与しているという印象を与えるかもしれない。しかしながら，中小企業と経済成長の関係は「相関関係」に過ぎない。

　実はベックら［2005］のもう1つの重要な発見は，同じデータから中小企

業の労働人口とGDP成長率との「因果関係」を検出できなかったことにある。これは，簡単に述べると「中小企業の重要性が高い国はGDP成長率が高い」とは言えるが「中小企業が高い成長率をもたらした」という因果関係があるとは結論できない，ということを意味する。むしろ因果関係は逆で「成長率が高いから中小企業で働く人が増えた」かもしれないし，また因果関係はないかもしれない。

その後も似たような国際データを用いた研究はなされたが，ベックら[2005]の結果を覆すようなものは出ていない。

中小企業セクターが経済成長を促すという因果関係が検出されていないことは，後に詳しく述べる中小企業政策にとって極めて重要である。なぜなら現在のところ，中小企業セクターを充実・拡大させると経済成長が高まるというエビデンス（客観的データによる根拠）がなく，少なくともマクロ経済のレベルでは「経済成長の促進」が政府や地方自治体の中小企業支援の正当化にはならないからだ。中小企業支援は支援を受けた企業や，そうした企業が立地する地域の経済にとっては有用であろう。しかし，国全体としては中小企業が経済成長や雇用創出の原動力である，とは言えないのである。

4　中小企業と金融

経済学を使った研究の中で，中小企業に焦点が当てられるもう1つの重要な流れは，企業金融である。大企業を対象とした標準的な企業金融理論は，市場からの資金調達と，銀行その他金融機関からの資金調達との関係が焦点の1つになるが，ほとんどの中小企業は資本市場にアクセス（直接金融）がなく，金融機関からの融資（間接金融）や経営者およびその家族の出資が資金の大きな比重を占める。特に資本市場や金融機関が発達していない途上国においては，どのように企業に資金を供給するかが経済成長や貧困解消の面でも極めて重要な課題となる。

企業金融の研究においては，中小企業にとって資金調達が大企業に比べて難しいのは，企業と資金提供者との「情報の非対称性」がより大きいことが原因，とされる。大企業に対しては貸付規模と潜在的利益の大きさから，銀

行その他の金融機関は人的，金銭的コストを払ってでも企業内の情報を得ようとするし，株式・社債市場から資金調達をするようになれば，格付け機関，アナリスト等によっても企業の資金状況は分析され，公表される。その結果，多くの潜在的資金提供者に有用な情報が共有され，結果として財務状況の良い企業にとっては資金調達が容易になる。

それに対して，ほとんどの中小企業にはそのようなモニタリングの仕組みはなく，企業の経営・財務情報はせいぜい取引先金融機関にしか蓄積されない。成長可能性や財務状況にかかわらず，資金調達は経営者の自己資金や，個人資産の担保に頼ることとなる。それでも（クレジットカードなどと同様）信用情報が効果的に蓄積・共有されれば中小企業でも融資を受けることの難しさは比較的軽減されるし，そのことは中小企業セクターの発展を促進すると考えられる。

ベックら（Beck *et al.* [2006]，[2007]）は，国際的なデータを用いて，企業金融システムの発展は，とりわけ中小企業をより多く含む産業の成長に寄与することを示した。これは金融システムの発展は大企業より，中小企業に対してよりインパクトが大きいことを意味する。また大企業に比べて中小企業のほうが資金不足が成長の阻害になっていることが多く，このことは先に紹介した経済成長と中小企業セクターとの関係と合わせて「中小企業が国レベルの経済成長に寄与しないとすれば，資金不足が原因」かもしれない，という興味深い仮説を導く。この仮説に関する研究はまだ十分になされてはいないが，少なくとも日本以外の国も含めた国際データによる研究では，中小企業に対する効率的な資金供給の重要性が強く認知されている。

もちろん，資金供給の重要性は即「中小企業に資金を供給するべき」ということにはならない。あくまで，成長機会を持った企業を峻別して資金を供給し，そうでない企業には供給しない，という原則が経済全体の成長にとっての前提になる。

5 起業主体としての中小企業

企業の新陳代謝，とりわけ起業の経済成長に対する重要性は，今では多く

の経済学者の共通認識になっている。新陳代謝は，非効率な企業にある人材や資金を，より効率的な企業に再配分させるプロセスとして，経済全体の成長に寄与する。この観点から見ると，企業が倒産，廃業することは経済全体からすると必ずしも悪いことではなく，むしろ経済の発展に必要不可欠な要素である。

　非効率な企業が政府・地方自治体や金融機関からの援助で生き延びること（ゾンビ企業とも呼ばれる）はむしろ人材その他資源の無駄遣いであり，経済全体としての競争力や生産性の低下を引き起こす。

　起業，すなわちデータの上では「創業間もない若い企業」が，どのように経済に貢献しているかという緻密な研究は実は米国で近年になってようやく盛んになり，日本では十分に研究蓄積がなされていないのが現状である。起業に関する研究は中小企業という企業サイズに直接の関心を向けるものではないが，若い企業は多くの場合，必然的に規模が小さいため実質的に中小企業が主な研究対象になる。

　ホルティワンガーら（Haltiwanger et al. [2013]）の研究によると，米国の製造業においては若い企業ほど雇用を創出しており，創業年数が同じ企業を比べると企業規模あたりの雇用創出力は大企業と中小企業で大差がない。フォスターら（Foster et al. [2006]）は生産性の上昇は特に若い企業で顕著であることを示した。また，アセモグルら（Acemoglu et al. [2017]）によると研究開発を行う企業の中では特に若く，規模の小さい企業において売上高に対する研究開発投資の比率が高い。これらの研究結果は，しばしばマスコミ等で起業が取り上げられる情報通信産業等ではなく，製造業を対象にしていることは極めて興味深い。

　こうした研究から浮かび上がるのは，経済全体の成長にとって中小企業が重要な役割を果たすとすれば，それは中小企業そのものの生き残りではなく，企業の新陳代謝による，という点である。

　しかしながら，政府や自治体による創業支援事業が経済全体の活性化につながるかは不透明である。効率的な資源配分の観点からは，あくまで生産性の高い，技術革新度の高い企業の創業が制度面でも，資金調達面でも後押しされるべきで，そうでない企業の創業には資源が振り分けられるべきではな

い。生産性の低い企業の過剰創業はむしろ経済の効率性や雇用創出を妨げかねない。

どのような制度や金融市場が，望ましい起業を後押しできるのか，そもそも政策が必要なのか，経済学では残念ながらまだよく解明されていない論点である。

6　中小企業政策

では中小企業に対する政府や地方自治体による政策を経済学の研究者たちはどのように評価しているのだろうか。基本的に，経済学では規模別の政策に対してネガティブな評価を下すことが多い。たとえば，ほとんどの国で解雇や労働条件等の雇用に関しての制約は大企業ほど厳しい。このことは中小企業への優遇策ととらえることも可能であるが，それがある種の「規制逃れ」のためや，大企業の賃金水準を下げることにより，中小企業セクターの規模（企業数および従業員数）が効率的な水準より大きくなったり，経済効率性の観点からは廃業すべき中小企業の生き残りを助長してしまうかもしれない。

中小企業に対する補助金や支援策も同様に捉えられており，生産性が高く，成長可能性があるにもかかわらず，情報の非対称性等の理由で資金が十分に供給されない企業に対する補助を除けば，中小企業に対する施策はおおむね経済の効率性を損なう方向に作用すると考えられている。加えて，政府や地方自治体の政策担当者が，生産性や成長可能性の高い中小企業を峻別できるかに関して，経済学の研究者はおおむね極めて懐疑的である。

ガリカノら（Garicano *et al.*［2016］）は企業の従業員数が50人以上になると労働法上の規制が顕著に厳しくなるフランスのデータを用いて，そのことが全体の労働人口，従業員数が50人以上の企業，それより小規模の企業におよぼす影響を洗練された統計手法により推計した。フランスでは労働法に沿う形で，実際に従業員数50人を境に企業数が大きく減少することが知られており，経済学者の間では企業規模別の政策の効果を検証する1つのベンチマークになっている。

また，ガリカノら［2016］は企業規模別の規制が，小規模企業数および雇用の拡大，大規模企業の縮小を招き，労働人口全体としては賃金の低下と雇用の減少につながっている可能性を示した。さらに彼らの推計でもう1つ興味深いのは小規模企業数の増大は適正な創業レベルを超えた「過剰創業」を伴っているという点である。すなわち，小規模企業を優遇することで，本来大企業に勤めるべき人材が小規模企業を創業している可能性がある。これは起業数が多ければ良い，という単純な考えに対する警鐘として捉えることができる。

　これらの分析から，ガリカノら［2016］は中小企業の優遇策によって本来生産性が高くより多くの従業員を雇用すべき企業の規模が抑えられ，生産性が比較的低い小規模企業に雇用が振り向けられることにより，人材・資源の配分が歪み，経済全体としての効率性も損なわれていると主張する。

　ガリカノら［2016］によるフランスのデータの分析が他国に対して，また労働法以外の政策に対してどの程度妥当かは議論の余地が大いにある。しかしながら，彼らの導き出した実証結果は多くの経済学者が企業規模別政策に対する持つ懸念に沿うもので，広い含意がある。中小企業を援助する政策は，中小企業の経営者，従業員に便益を与える一方，生産物市場，金融市場，労働市場がある程度よく機能している限りにおいて，市場による効率的資源配分を歪める可能性が高い。市場が万能ではないことは経済学でもよく知られていることではあるが，たとえば先に述べた金融市場において情報の非対称性によって引き起こされるような「市場の失敗」を的確に見極め，かつそれを是正するような施策を用いない限り，少なくとも経済全体の効率性，成長の観点からは理論・実証の両面で，中小企業を優遇する根拠は乏しいと言わざるを得ないからである。

　ここで，ガリカノら［2016］と同じフランスのデータを使いながら，逆の結論を導き出した安東（Ando［2018］）の研究を紹介しよう。安東［2018］はガリカノら［2016］の分析には起業の際のリスクが明示的に取り入れられていないことを指摘し，労働法上の小規模企業対する優遇は，起業に伴うリスクを軽減し，むしろ経済全体の効率性を上昇させる可能性があることを示した。

ここで鍵になるのは，起業に伴うリスク，すなわちある個人にとって，起業する場合のほうが，企業で従業員として働いた場合より収入の不確実性が高いという点である。起業した企業が失敗した場合のリスクに対する「保険」は市場では供給されない（起業保険なるものは存在しない）ため「市場の失敗」が生じうる。その保険の役割の一部を小規模企業に対する優遇が果たす，というのが安東［2018］の議論の概要である。これは，企業規模に関する分析の中で，とりわけ起業そしてそれを促す政策が経済全体の効率性に与える影響を数理モデルとデータの両方を用いて検討したという点で，注目すべき研究である。

ただし，安東［2018］によれば起業リスクを減らすのは「大企業の雇用に対する規制により，経済全体の賃金水準が下がり，起業に失敗した場合の損失が小さくなる」（すなわち，そのことで起業が相対的に魅力的になる）というやや直感的に説得的とは言い難い議論になっており，そうしたメカニズムが本当に機能しているかを確かめるためには，さらなる実証研究が必要であろう。

7　経済学的アプローチの限界と可能性

本章で紹介した近年の経済学における研究をまとめると，まず経済成長，雇用創出に対する貢献という点においては，中小企業というよりも，創業間もない，ゆえに必然的に規模が小さい企業が，大きな役割を果たしていることがわかる。国際データを使った研究では中小企業の成長阻害要因は，資金調達の難しさが大きいこともわかっている。また，経済学者の間では中小企業政策が全般に否定的に見られているが，ことに創業支援に関しては，経済全体にとっても望ましい結果をもたらす可能性が指摘できる。

こうした知見が日本でもしっかり当てはまるかを検証するためには，今後の研究蓄積が必要である。たとえば日本の中小企業の多くが直面している人手不足，後継者不足が経済全体にどのような影響を与えるかは，産業政策を分析し，検討するにあたって重要な研究課題の1つであろう。

先に述べたように，経済学では聞き取り調査をはじめとする少数の詳細な

質的データより，国全体・産業全体にわたる量的（客観的な数字で表せる）データが重視されるため，研究対象が政策上の重要性より，データの存在いかんに左右される傾向が強い。と同時に，現状把握や政策の効果を客観的に検証するためには聞き取りやアンケート調査だけでは不十分な点も数多く，質的データを用いた研究と数量的データを用いた研究が補完し合いながら中小企業の実態とその役割，そして望ましい政策を検討することが必要である。

ここまで読まれた読者には，大きな違和感を持つ方々がほとんどではないだろうか。中小企業の役割や産業政策の目的は，経済の成長や効率性だけで捉えられるべきなのだろうか？　起業を支援するのはよいが，長年操業している中小企業を無視してよいのだろうか？　新陳代謝とは言うが，日本の中小企業に蓄積された技能が失われてしまってよいことなどあるのか？　結局，経済学者たちは何が言いたいのか？

経済学における分析の特徴の1つは，分析の評価基準（たとえば経済成長への寄与）をはっきりと定めた上で客観的なデータを用い，できる限り仮説→検証という科学的な手続きを踏む点である。評価基準そのものについての良し悪しの判断は，分析上は行われない。

たとえば，中小企業振興が経済成長につながらないことがわかったとしても，だからと言って中小企業振興に意味がないことにはならない。当然のことながら，規模を問わず，企業には競争や雇用創出，効率的な生産，利益最大化を超えたさまざまな社会的な役割がある。むしろ，ここで紹介した経済学の研究は，中小企業の役割，そして中小企業政策の意義を考えるための「ある1つの」視角として考えられるべきである。

8　よりよい政策に向けて

とりわけ中小企業政策に関して，経済全体の効率性や成長を重視する経済学者の間に否定的な見解が多いことは先に紹介したとおりである。特に取引についての規制がもともと少なく，市場が比較的競争的である製造業に関する限り，人材・資源の配分の効率性を，政策や法律によって有意に上昇させられる事例は極めて限られるであろう。

この観点から効果ある政策を策定するためには「市場の失敗」を正しく認識し，それを是正する措置を見極める必要がある。いずれにしても一部の例外を除けば，中小企業に対する優遇法制や補助金は「市場を歪める」方向で作用する，経済全体の効率性を多かれ少なかれ損なう，というのが経済学者の一般的な見方であろう。

一方，多くの中小企業研究者によって指摘されているように，中小企業振興にはバランスのとれた国土の発展や，地域格差，所得格差の縮小，そして地域の活性化など，さまざまなポジティブな側面がある。そうした側面は市場経済においては全く顧みられないため，政府や地方自治体による政策なしにはなおざりになってしまう。

現在，そして将来にわたって，中小企業研究は経営学の一部として発展し，経済学的な分析はあくまで補助的なものになるだろう。しかし中小企業の社会や経済における位置づけを考える際に，効率性や技術革新，経済成長への寄与は常に考慮すべきだし，本章で強調してきたように，経済全体の発展に関して中小企業に対して過度に楽観的な立場をとるべきではない。そして特に中小企業政策については，誰が受益者で，誰（主に納税者）がどれだけのコストを払っているのか，それによって生じる社会的便益はコストを上回るのか，という検討が常に重要だろう。

現在の経済学では，政策策定に必要な具体的なコストや便益を容易に算出する手法が開発されておらず，込み入った数理モデルと複雑な統計分析を使わざるを得ないため，残念ながら実用的な方法論を提供しているとは言えないのが現状である。しかしそうした研究から得られた知見を，少しでも中小企業研究者や政策担当者に伝えていくのもまた，経済学者にとっての課題である。

（河村耕平）

❖参考文献

Acemoglu D., U. Akcigit, H. Alp, N. Bloom and W. Kerr [2017] "Innovation, Reallocation and Growth," *Working Paper*, University of Chicago.

Ando, S. [2018] "Size-Dependent Policies and Efficient Firm Creation," *Working Paper*, Columbia University.

Beck, T., A. Demirguc-Kunt and R. Levine [2005] "SMEs, Growth, and Poverty : Cross-Country Evidence," *Journal of Economic Growth*, 10(3), pp.199-229.

Beck. T. and A. Demirguc-Kunt [2006] "Small and Medium-Size Enterprises : Access to Finance as a Growth Constraint," *Journal of Banking and Finance*, 30 (11), pp.2931-2943.

Beck, T., A. Demirguc-Kunt, L. Laeven and R. Levine [2008] "Finance, Firm Size, and Growth," *Journal of Money, Credit, and Banking*, 40(7), pp.1379-1405.

Foster, L., J. Haltiwanger and C. J. Krizan [2006] "Market Selection, Reallocation, and Restructuring in the US Retail Trade Sector in the 1990s," *Review of Economics and Statistics* 88(4), pp.748-758.

Garicano, L., C. Lelarge and J. Van Reenen [2014] "Firm Size Distortions and the Productivity Distribution : Evidence from France," *American Economic Review* 106(11), pp.3439-3479.

Haltiwanger, J., R. Jarmin and J. Miranda [2013] "Who Creates Jobs? Small vs. Large vs. Young," *Review of Economics and Statistics* 95(2), pp.347-361.

コラム9

「沈黙は金」は正しいか？　中小企業の広報戦略
－上場企業の広報施策と企業価値の関係から－

企業価値を高める情報の量と質とは

　顧客との関係性が企業の収益に大きな影響を与えることは，これまでもさまざまな研究や事例により知られている。中小企業においても，FacebookやTwitterなどITを含めた情報発信により，顧客との関係性を向上させている事例が多く見られる。

　こうした企業の情報発信は，多様な情報（質）をできるだけ多く（量）発信することが，ステークホルダーに深く広く情報を提供することができるため，「より良い」広報施策，すなわち，「企業価値を向上させる」と考えられている。

　本コラムでは，こうした「情報発信の質と量の多さ」が，本当に「企業価値の向上」につながっているのかを，簡易的な調査から検証する。

企業の情報発信に関する調査の概要

　調査においては，企業からステークホルダーへの情報発信の質と量の多さを，「IR情報の種類および回数の多さ」と捉え，企業価値（株価）との相関を調査する。データ取得の利便性から，調査対象は日本証券取引所の東証マザーズ上場企業247社とする（2017年12月31日現在）。

　具体的には，2017年の1年間のIR情報の質と量を，①IR情報の種類，②IR情報の回数とする。IR情報の種類および回数は，各社ホームページから取得する。なお，IR情報の種類については，①法定開示（適時開示，短信・有報・株主総会資料などのIR資料含む），②組織変更や人事異動，③商品やサービスの情報，④その他のニュースの4種類に分類してカウントする。なお，本来であれば②～④も法定開示事項に該当するものがあるが，各社で開示するかどうかの判断基準が異なっていると考えられること

から，企業による積極的な情報開示と捉え，別種類としてカウントする。

また，2017年12月29日時点の株価（終値）を2017年1月4日時点の株価（始値）（2017年に新規上場した企業については，上場初値）で除することで，③企業価値の増減率とする。株価については，野村證券ホームページから取得する。こうして算出した①IR情報の種類および②IR情報の回数と，③企業価値の増減率について回帰分析を行い，相関を調査する。

企業の情報発信に関する調査の分析結果

集計結果は以下の表のとおりである。①IR情報の種類については最大値が4に対し最小値が0，②IR情報の数については最大値が104に対し最小値が0と，積極的に情報開示する企業とそうでない企業とで大きな差があることがわかる。たとえば，③商品やサービスの情報は，企業からステークホルダーに対する業績等のアピールの場となるが，最大値が75であるのに対し最小値が0となっている。

なお，データの集計について，前述のようにIRの種類については，法定開示に含まれるものと含まれないものの分類が難しく，判断に迷うものについては筆者の視点で集計している。また，株式会社サマンサタバサリミテッドのように，そもそもIRニュースを別に設けていない企業については，IR資料の数を集計している。

また，本調査は企業のIRニュースのみを集計したが，商品・サービス宣伝のプレスリリースを含めている企業と含めていない企業があり，含めていない企業については，実態よりも種類や数が少なくなっている可能性がある。

情報発信に関する集計結果一覧

銘柄名	①法定開示	②組織変更や人事異動	③商品やサービスの情報	④その他のニュース	①IR情報の種類	②IR情報の数	③株価増減率	④2017年1月4日始値	2017年12月29日終値
マザーズ計	5,104	384	1,457	670	705	7,615	1.23	485155.1	594525.0
1銘柄当たり単純平均	20.7	1.6	5.9	2.7	2.9	30.8	1.23	1964.2	2407.0
最大値	48	12	75	21	4	104	6.34	13570.0	19050.0
最小値	1	0	0	0	1	2	0.34	117.0	112.0

（出所）野村證券ホームページをもとに筆者作成。

さらに，2017年に新規上場した企業については，期間が短いため種類や数が少なく集計されている。
　回帰分析の結果，①IR情報の種類の係数は−0.039，②IR情報の数は0.003と，相関が非常に小さいことがわかる。また，補正R^2が−0.006と大変低く，モデル自体の有効性も小さいことがわかる。

企業の情報発信に関する調査における考察と課題
　本調査によって，IRについては企業によって情報開示の種類や数が異なり，企業はステークホルダーとの関係性の強化について，独自の考えに基づいた「個性」を発揮していることがわかった。
　また，企業の「情報発信の質と量の多さ」が，ステークホルダーとの関係性の強化につながり，ひいては「企業価値の向上」につながっているのではないかという仮説を検証した。回帰分析の結果，企業の「情報発信の質と量の多さ」と「企業価値の向上」の相関は小さく，モデルとしても他の要因が大きいとの結果が確認できた。
　今回の調査では仮説が棄却されたが，「企業価値の向上」のためには，適切な経営戦略や業務効率化等による収益性の向上，資産の有効活用による投資効率の向上，資本政策等による財務の最適化などが必要であり，それを株価に反映するためにはステークホルダーとの関係性が重要であることは間違いない。
　今回はマザーズ上場企業の1年間の株価とIR施策を対象に調査を行ったが，規模の大きな市場や，長期間の調査，IR施策の細かな分類，IR以外の関係性の有無などによって，また違う結果が出るのではないかと考えている。

（工藤　元）

❖参考文献
日本取引所グループHP「東証上場会社情報サービス」
　　http://www2.tse.or.jp/tseHpFront/JJK010010Action.do?Show=Show
　　（2017年12月31日閲覧）

第11章
中小企業の経営学はいかに成り立つのか
―あるいは経営学とはなんだったか―

1　ムラとカイシャの干渉

　西日本のある地方小都市（最寄りの新幹線の駅までは高速道路で1時間半はかかる位置）の，かなり辺鄙な農村地帯にある機械部品メーカーで聞いた話である。
　「うちの社では，会社の上司よりも部下のほうが，そのふたりが住んでいる集落の兼業農家の寄り合いの序列では立場が上で偉い，ということがよくあるんですよ。そういう関係だと，社の業務でも部下もあまり上司のいうことを聞かないんで，組織がうまく回らんのですわ」
　「それは困るじゃないですか？　どう対処するんですか？」
　「そんなときは，社内の他の部署からでも，その集落の農家の序列としてもっと高い，偉い人を呼んできて，その人から，会社の上司のいうことも聞いてやれよ，と言ってもらう。それでやっとなんとか回るんです」
　「なるほど。つまり，御社の社員の方は，カイシャとムラ，ふたつの社会集団に属しているわけですね。それで，時にはムラのほうが統制力が高い人間関係，ということになりますか」
　「難しくいうとそういうもんですかね。まあ，うちのカイシャの上司部下の関係は，しょせん定年退職までですけれど，ムラに帰ればそこの寄り合いは先祖代々のつきあいですからね。細々でもこの先も，週末兼業農家としてやっていくとなると，自分が死ぬまで，子孫のことを考えればそれ以降も続くつきあいだから，大事にするとすればムラのほうになるのもしようがないんですよ」

「そうすると，どうしても，ムラとカイシャの折り合いがつかなくなったら，どうするんですか。いつもムラの上位者の人にうまく取りなしを頼めるとは限りませんよね。平家物語の平重盛じゃないけれど，『忠ならんと欲すれば孝ならず，孝ならんと欲すれば忠ならず』みたいな…」

「だから極力その人を板挟みに追い込まないように，気を使うんですよ（笑）。それでもうそんなことなら，カイシャの人事も全部ムラの序列に従えばいいやないか，という笑い話も出るんですが，それではやっぱり工業がうまく行かない。カイシャのほうの業務は，どうしても専門知識や経験，技能でこの人しか任せられない，となりますからねえ…」

「ムラとカイシャの存立目的は違うから，そこをあまり突き詰めると，齟齬が出るのは，当然といえば当然ですね…」

2　産地と市場の齟齬

　そしてこちらは，北日本のとある農村に立地する，加工食品メーカーのオーナー経営者の息子の，まだ若い企画部長さんに聞いた話である。

「うちで使っている原料なんですけれど，この新商品についてだけは，これまでのつきあいの農協からではなく，別のところから仕入れようということを社長に言ったんですよ。実現したい味，品質との相性がありますからね。でもそのときはこれに親父が猛反対しまして。なんとかしてこれまでの取引先から仕入れられる原料で，やれないかというんです」

「でも，わざわざ他の新しい仕入れ先を使おうとしたということは，既存の取引先からの素材ではやりにくい，という技術的な事情があるんでしょう？　それはお父さんに説明されたんですか？」

「そりゃあ，ものづくりについては親父の方が年季がありますから，私以上にわかってます。でも，そういうんですよ。場合によっては，この企画は諦めるかも知れない，というところまで思い詰めたんですが，うちの会社のこれからを考えると，どうしてもやるべきだ，と親父を説得しまして」

「なにか，これまでの仕入れ先から，苦しいときに支払いを待ってもらった，というような恩義というか，借りがあるんですかね。それならお父さん

がこだわる気持ちも，わからないことはないですけれど…」

「いや，それはむしろ，うちから先方に貸しがあるけど逆はない，くらいの関係なんです。それに既存の商品の素材はこれまでと同じ農協から仕入れるんですから，別に縁を切るわけでもないんです。それを親父にいったら，『近所の同業他社のどこそこが，いつか同じようなことをして，工場の周りを除雪してもらえなくなったんだぞ，それでいいのか』，と」

「え，このあたりでは農協が除雪するんですか？ 自治体から請け負った業者さんがやるもんじゃないんですか？」

「そうです。地元の建設業者がやってます。でもその業者の除雪が，ところによってぞんざいになったり後回しになったりするんです。そういう手心に，地元の農協とのつきあいが影響するんですよ。このあたりの人間関係はみんなどこかでつながってますから」

「でもそれ，要は行政サービスの不公平じゃないですか。裁判したら勝てますよ」

「それは勝てるでしょうけれど，そんなの訴えたら，このあたりで商売しづらくなりますからね。だから知恵を絞って，新企画にもっと手を加えて特別な仕様にしました。それでこれをつくるにはどうしても近所の農協では素材が手に入らない，だから他所から買うしかない，っていう大義名分を掲げて，会う人ごとに聞かれなくても弁解して，それでやっと親父も納得しました」

「取引先は自由に選べてこそ，市場メカニズムですよね。でもそれがまともに働くと，この地域のこれまでの関係が崩れてしまう，ってのを怖れているんですかね」

3　互助からつながる革新もある

最後は，南日本のある雑貨工芸の集積した小さな町で，産地問屋の若旦那が運転する軽トラックの助手席に乗せてもらいながら，聞いた話である。

「さっき会ったあの窯元のおじさんはさ，うちが思い切って自分のブランドを立ち上げるときに，それまで使ったことがない釉薬を使う器を試作して

くれたんだよね。焼き物の窯ってさ，前に焼いた器につかった薬の成分が中に残って，次の窯入れの商品の出来に影響するから，本当はあまり新規の，普段使わない原料とかは，使いたくないのよ。特に試作なんて，小ロットで量が出ないもんだから」

「それでよくやってくれたもんですね。それはなにか，プレミアム料金とか払って，やってもらったわけですか」

「いやいや，そんなの別に。ただあそこの息子はさ，俺と中学からサッカー一緒にやっていてさ，子供の頃からよく家に遊びに行ってて，だからお前の頼みなら，聞いてやるかって，そこは無理してくれて，窯出しの後も残留成分がないように掃除を念入りにしてくれた。それがいま，うちの看板商品よ」

「そりゃあありがたい。この町内，みんなそうやってつながっているわけですか」

「小さい町だから，焼き物に関わる人はみんな顔見知りだよね。だけどみんなが仲がいいわけじゃもちろんなくって，あそこの窯元の親父とここの陶土屋の親父はウマが合わないから，絶対に会わせちゃいけないとか，気を使ってたいへんなのよ。うちはさいわい，どこの窯元さんとも，おじいちゃんの代から出入りさせてもらって，傷物を買い取って陶器市に卸していたから，孫の俺も可愛がってもらってるんだよね」

「そういえばさっき寄せてもらったあのちゃんぽん屋さんも，来るお客さんみんな顔見知りでしたね」

「そう。奥のテーブルにいた町役場のおじさんは県の助成金の情報をくれるし，後から来た信用金庫のあんちゃんはもちろんなにかと相談してもらうし，これから行く型屋のおじさんは細かい注文を聞いてもらうし，店の前で会ったのはあれ，釉薬屋の娘だしね。このへんはみんな，つながってるの。それで今度，電機メーカーの工場に勤めていた幼なじみが辞めて帰ってきたいっていうから，じゃあうちで３Ｄプリンター動かせるようになってよ，っていまから頼んでるのよ」

「なるほど。この町の，焼き物に関わる仕事をする人たちにとっては，仕事上の取引関係の職縁と，学校の先輩後輩という地縁も，みんなもう連なっ

てるんですね。それを小さい頃から堆積させているから、他所から来た人より焼き物作りに勘が利いていて、話が通じやすいというのが、あるもんなんですねえ」

4　しがらみと「社会資本」は同じもの

　上記に紹介した3つの会話というのは、それぞれは他愛ない、フィールドワークの途中の挿話に過ぎない。どれも要は、事業運営に地域コミュニティの「しがらみ」が大きく影響している、というエピソードである。それは有害な制約としても有益な人脈としてもはたらく、どちらにも転がる可能性があるものである。

　産業集積を論じる議論については、集積内の事業者間のインフォーマルなコミュニケーションが時に有益な問題解決につながる、その基盤となるコミュニティ内の関係性は、集積の発展に資する社会資本である、という言い方がされる。このときそれは、ポジティブな影響がある関係性として肯定的に評価されている。

　しかし私は、上記のような見聞から、その呼び方は単に結果論で現象の有益な面を切り取っているだけではないかといいたい。その「社会資本」とは、これまで「顔」とか「縁」とか呼ばれていて、それが害を為したときに「しがらみ」とか呼ばれていたのと、同じ現象の表と裏である。そしてそれは、産業組織内の別事業体間はおろか、同一事業体内のメンバー間でも、場合によっては組織の正式な職位職制よりもはるかに強力な影響力を持っている。

　経営学コミュニティは、それをいったん等閑視して、事業体内で設定された職位職制に基づく「職縁」のみにまず注目し、然る後にそれだけでは発生しないような「地縁」「血縁」、あるいは「（たとえば地域兼業農家連携グループの）別の職縁」の影響のポジティブな面だけに改めて着目して「社会資本」と呼んでいるのではないか。

　なぜそんなふうになるのか。経営学コミュニティが主たる想定対象にしているのが、メンバーが地縁血縁からほぼ完全に切り離され、就職と同時に改めて組織化される社内職縁の影響力ばかりを人為的に強化できている、近代

的事業組織，それも大企業組織だからである。

　しかし世の中，そういうモダンな把握をしやすい組織は所属メンバーの数からいっても，少数派に過ぎない。特に多くの在来地場産業の集積，つまり「産地」内の中小企業のメンバーたちは，カイシャよりもずっと前からある，イエやムラのあいだのさまざまな縁の基盤の上にいる。そこでかなり形骸的なカイシャという枠組みがある振りをして，仕事をしている。そこはポジティブにもネガティブにも作用しうる，しがらみだらけの環境である。

　むしろここでは，しがらみのマネジメントこそが経営の本質である，ともいえる。産地にしがらみが多いのではなく，産地とはつまりしがらみのことなのである。そうした現象を調査研究しようとするときに，経営学は適切なツールとして使えるのだろうか。

5　民俗学の先行優位

　筆者はこの数年，上記のような見聞をあちこちで経験したばっかりに，なにかこう，経営を経営学的に考えることについて，自信がなくなり，居心地が悪くなった思いがする。

　特に地方の「産地」を観察したときに，やっぱり日本人の経済活動というのは，イエとかムラとか，底流にそういう民俗学的現象がまずあって，経営学はそれらを，根っこから汲み取る道具が足りないのではないか？　と絶えず感じさせられる。

　確かに経営学にも「同族企業」についての研究はあるが，それは「企業の中の，たまたま経営の中心となる人々のあいだに血縁関係があり，所有もしている」というような，「それはまず企業組織であり，血のつながりはその中の一部のサンプルの属性のひとつである」とでも言いたげに見える。

　つまり「イエっぽさもないではないがやはりカイシャである」という言い方である。しかし所有と経営が分離した大企業のオーナー一族ならともかく，中小企業にそんな把握は有効だろうか。筆者には，とてもそうは思えない。カイシャはうわべの借り着に過ぎず，ここにはまずまごうことなきイエがある。

そうした「イエやらムラやらのしがらみ」をあまり考えないですむ,「そこそこ勉強ができたがゆえに, 都会に出て大きな会社に属し得た特殊な人たち」で構成されて, イエやムラからほぼ切り離して説明できる「カイシャ」という特殊なコミュニティが他方にある。経営学はそこでこそ通用しやすい, 特殊な知識として発達した, ということを, 見落としてしまっていないか。

しかしそれは, 日本の就業人口の分布を考えると, 少数派ではないか, と思うのである。経営学「業界」は, 経営学の物言い, 理屈が通じやすい部分を社会から選んで, そこを切り出して, やっぱり経営学は妥当だ, と思えるかも知れない。だがそれは自らに都合のいいスコープの設定をまずしてしまっているのではないか。

そうではない,「在郷の人たち」のコミュニティを中心に想定した経営学が, あってもいいのではないか。どうすればそれができるのだろうか。そこで意識に上ったのが, 経営学よりももっと前から, イエやムラを分析している学問があるではないか, ということだった。もちろんそれは, 民俗学のことである。

6　ヤポネシアの経営学

筆者はもう, 経営学のご関係の方たちに, うまく言葉が通じる自信がない。気がつけば, 縁あって出会えた, 民俗学の業界の方たちと話をするときが, いちばんストレスが少なく, 意を尽くした話ができているように思えてきた。

そのうちにもう, さらに思い込みが膏肓に入り, 近代的大企業なる人間集団が異様に見えてきてしかたがなくなった。「だって, よくもまああんなに他人同士が大勢集まって, 心安んじて働けるものですねえ。しかも彼らは同族でも同郷でもないのに」という声がずっと脳裏に響いている。

ただ, それならそれで, その違和感を抱え, そこから出発して, ムラムラのイエイエのヒトビトにとって, しがらみを武器として, いかにうまく事業を運営することができるか, という, 民俗学と接続可能な経営学も, できるのではないか, と近頃やっと思えてきたところもある。

むしろ経営学は, 地縁血縁からの隔離がしやすい特殊な職縁コミュニティ

第11章　中小企業の経営学はいかに成り立つのか　197

の分析のために発達した，民俗学の一分野として位置づけうるのではないだろうか？

　そのために必要な概念の整備もだいぶ進んだ。しかしそれらを紹介するには，ここでは残念ながら，紙幅が足りない。したがって本章はここで筆を置くことにしたいが，ひとつだけ，このところ考えて確信に至った点を書き留めることにする。

　もし経営学を，「経済的生産活動などの事業目的を達成しやすくする効果を持つあらゆるミーム」として説明するなら，近代以前，近世の報徳仕法のような生活規範，事業倫理の類いはもとより，中世以前の農村コミュニティの協働をスムーズにする効果があったと思われる，土俗的信仰もそれに含まれるだろう。この点についてキーワードを記すなら，「限定された富のイメージ」という人類学の概念がここで有用となる。

　これらの呪術信仰にも経営学のルーツを求めて，日本の経営学史を千年遡ると見えてくる光景を，著書にまとめることが次の仕事だと思っている。これは現代日本の，特に地方の産地における中小企業の経営のありようを論じる研究であると同時に，経営とは，経営学とは，そもそもなんであって，なんのためにあるのか？　という問いへの答えの糸口になるのではと思っている。諧謔ではなく，近頃の筆者は至極真面目に，以上のことを考えているのだが…。

（三宅秀道）

あとがき

　経済学や経営学，あるいはマーケティングにおいて，特定の正解を押し付けるようにビジネスの正しい道が主張されることがある。しかし，人の生き方に画一的な正解がないように，企業の生き方にもただ1つの正解があるわけではない。人と同じく企業も，時とともに，それぞれの「自分なりの正解」を形作っていく。その生き様に，道のりに対して，本書が何らかの気づきや後押しの役割を果たせれば幸いである。

　本書の執筆陣は，研究者も実務家も，人生の途中で編著者である鵜飼信一教授と出会い，さまざまな影響を受け，その後に幅広い領域へと進んでいった。出会った当時から，事業をどんどんと変化・発展させていった経営者も多い。中小企業を支援する立場にある者は，中小企業に密着した施策を展開している。研究テーマが中小企業から離れていった研究者も少なくないが，いま一度鵜飼教授のもとへ集まり，中小企業を題材としてメッセージを発信する。それぞれの学術的・実務的バックグラウンドから，日本社会を生きる中小企業に対してエールを送る。本書は，そうしたメッセージとエールの集合体である。

　これだけ多様な執筆陣が集まるということは，またとない機会だと感じる。まさしく縁のめぐり合わせで形作られた書籍であり，再現性は極めて低い1冊だろう。このような機会を創り出していただいた鵜飼教授に，その教員人生に，最大限の敬意と謝辞を示して本書を締めくくりたい。

　2018年

執筆者一同

● 執筆者一覧

氏名	所属	担当
鵜飼　信一	編著者紹介参照	第1, 2, 3章
永井竜之介	高千穂大学商学部准教授	第4章
髙橋　愛典	近畿大学経営学部教授	第5章
竹田　育広	横浜商科大学商学部准教授	第6章
清水さゆり	高崎経済大学経済学部教授	第7章
里見　泰啓	事業創造大学院大学事業創造研究科准教授	第8章
山野井順一	早稲田大学商学学術院准教授	第9章
河村　耕平	早稲田大学政治経済学術院教授	第10章
三宅　秀道	専修大学経営学部准教授	第11章
田邊　豊博	株式会社田代合金所代表取締役	コラム①
永井　猛	早稲田大学商学学術院教授	コラム②
小山　修	日立市産業経済部商工振興課長	コラム③
辰野　博一	合同会社タツノ経営デザイン代表社員	コラム④
高野　雅哉	燕商工会議所サービス中小企業相談所所長	コラム⑤
村元　康	早稲田大学グローバルエデュケーションセンター客員教授	コラム⑥
深田　稔	深中メッキ工業株式会社代表取締役	コラム⑦
浜野　慶一	株式会社浜野製作所代表取締役CEO	コラム⑧
工藤　元	早稲田大学グローバルエデュケーションセンター非常勤講師	コラム⑨

●編著者紹介

鵜飼　信一（うかい　しんいち）

早稲田大学商学学術院教授

1949年東京都生まれ。早稲田大学大学院商学研究科博士課程修了後，㈱三菱総合研究所などに勤務し，1994年より早稲田大学商学部教授。1994年〜1996年，早稲田大学系属早稲田実業学校副校長を兼務。2004年〜2006年，同大学産業経営研究所所長を兼務。2010年〜2014年，早稲田大学インキュベーション推進室長を兼務し，同大学インキュベーションセンターの管理運営や学生ベンチャー企業の指導などを行った。

専門は，中小企業の研究で，主に製造業の小規模企業を対象としている。年間50件以上の町工場を訪ね歩き，中小製造業における技能・技術，創業と後継，地域特性との関係，産業振興の在り方などについて分析を行っている。公的な活動としては中小製造業が集積する大田区，墨田区，北区，台東区，葛飾区や川崎市などにおける中小企業振興政策に協力している。

主要著書：『現代日本の製造業』（新評論，1994年度中小企業研究奨励賞本賞受賞）

論　文　等：「モノづくりの光景」（日刊工業新聞，2009年6月より2010年3月まで毎週月曜日連載），「地域社会の小規模企業がものづくりを支える」（『一橋ビジネスレビュー』2007年SUM. 55巻1号），「中小企業随想録⑴〜(139)」『ものづくり共和国メールマガジン』（2000年12月号〜2012年7月号まで連載）

主な活動：大田区優工場審査委員長
　　　　　特定非営利活動法人ものづくり品川理事長
　　　　　東京商工会議所「勇気ある経営大賞」選考委員

日本社会に生きる中小企業

2018年10月5日　第1版第1刷発行

編著者	鵜　飼　信　一
発行者	山　本　　　継
発行所	㈱中央経済社
発売元	㈱中央経済グループ 　　　パブリッシング

〒101-0051　東京都千代田区神田神保町1-31-2
電話　03 (3293) 3371 (編集代表)
　　　03 (3293) 3381 (営業代表)
http://www.chuokeizai.co.jp/
印刷／三英印刷㈱
製本／侑井上製本所

Ⓒ 2018
Printed in Japan

＊頁の「欠落」や「順序違い」などがありましたらお取り替えいたしますので発売元までご送付ください。（送料小社負担）
ISBN978-4-502-27781-8　C3034

JCOPY〈出版者著作権管理機構委託出版物〉本書を無断で複写複製（コピー）することは，著作権法上の例外を除き，禁じられています。本書をコピーされる場合は事前に出版者著作権管理機構（JCOPY）の許諾を受けてください。
　JCOPY〈http://www.jcopy.or.jp　eメール：info@jcopy.or.jp　電話：03-3513-6969〉